Think 21
就職
しないで
生きるには
New work style in
the 21st century
society

旗を立てて生きる

「ハチロク世代」
の働き方
マニュフェスト

イケダハヤト

晶文社

装丁　寄藤文平 ＋ 鈴木千佳子

はじめに

ハチロク世代のみなさん。仕事、楽しんでますか?

ぼくは1986年生まれのハチロク世代ど真ん中。2009年に大企業に入り、11ヵ月で辞め、2社目はベンチャーに就職し、そこも13ヵ月で辞め、2011年4月にフリーランスになりました。

サラリーマンだったころは、正直なところ、「仕事、楽しんでます」と自信をもって答えることができませんでした。自分の働きかたに悩みつづけた結果、ぼくはフリーランスという不安定な身分を選びました。

来月の収入が読めないフリーランスはなかなか厳しいですが、いまはとても幸せに働くことができています。なにより、「自分の大切なもの」――妻、幼い娘、こころの余裕、健康、そして問題意識――を大切にしながら働けるようになりました。いまは月曜日だって憂鬱じゃありません。土日に働くこと、残業することも苦ではありません。この原稿も休日に、楽しみながら書いています。妻からはよく「ちゃんと休みを作ってよ」と怒られています。でも楽しいから、隙を見て働いてしまっています。

恐怖心を煽るわけではありませんが、ぼくたちは激動の時代を生きていると思います。「大企業に入っておけば定年まで安泰であとは年金暮らし」なんていう、高度経済成長期に築かれた生き方のロールモデルは、実効性を失いつつあります。現に、数年前なら「一生安定」と思えたような企業ですら、大赤字を出し、経営危機が叫ばれていることは、みなさんもご承知のことかと思います。

こういう変化の激しい苦しい時代ですから、みなさんの周りにも、心の病にかかってしまい、会社を休職している方、退職してしまった方もいるかもしれません。もっとショッキングなところでは、みずから命を断つ選択をした同世代もいるかもしれません。

ぼくの知人にも、仕事を苦に亡くなってしまった方がいます。大学時代の友だちの友だちだったので、直接の面識はなかったのですが、同じキャンパスで学んだ同世代が自殺してしまったという事実を、数年経ったいまでも、うまく消化できずにいます。こんなありえないことが起こるなんて、ぼくたちの「働く」は、もうとっくに壊れているんじゃないでしょうか……？

「働く」ということは、本来、だれかが抱えている課題を解決する、すばらしい活動のはずです。生きているなかで相応の時間を占めている「働く」ことが、「つまらないもの」「つらいもの」「我慢してやるもの」「お金を稼ぐために仕方なくやるもの」に成り下がってしまっては、せっかくの人生、もったいないとぼくは思います。

どうせやるんですから、自信をもって「今の仕事、楽しいですよ」といえるようになりましょうよ。とても厳しい要求であることはわかっています。しかしながら、「仕事を心底楽しむこと」はみなさんの決断次第、行動次第、考え方次第で、十分実現可能なことだと、ぼくは考えています。

本書では、「今までどおりのやり方」が通用しにくくなったこの時代において、ぼくたち若者世代が歩むべき、新しい生き方・働き方についての考察を展開していきます。

本書をとおして、日々を幸せに生きるヒントを、少しでもみなさんに提供できれば嬉しいです。

旗を立てて生きる　目次

はじめに……005

第一章　「これからの働き方」を考えるための10の質問

質問1・来月から給料が振り込まれないとしたら、あなたはどうしますか？……020
新卒で大企業。しかしそこはタイタニック……020
月給には副作用がある……023
質問2・社外のプロフェッショナルとのつながりはありますか？……026
ブログがきっかけで転職できた……026
情報発信をして社外のプロとつながろう……029
質問3・「下積み3年」なんて価値観をもっていませんか？……034
流れの速い川、遅い川……034
必死に泳がないと溺れるような環境に身を置く……038
質問4・「会社を辞める」という逃げ道を確保していますか？……041
会社を辞めたって死にはしない……041
心の中に辞表を持とう……043
質問5・最低限の生活コストはいくらですか？……046

独身だったら可処分所得150万円でも最悪生きていける……046
テクノロジーを活用して生活コストを下げる……048

質問6・「働き方のロールモデル」はいますか？……055
数々のロールモデルを参考に自分なりの働き方をつくった……055
これからのワークスタイルに「テッパン」はない……058

質問7・「死ぬまで低収入」でも働けますか？……061
定年も年金も幻想……061
職業選びの2つのポイント……063

質問8・仕事を通して解決したい問題はありますか？……066
「解決したい問題」という「やりがい」を失ってしまった……066
問題意識を失うと、エゴが目を覚ます……069

質問9・「会社が目指すこと」と「自分が目指すこと」は一致していますか？……073
自分がやりたいことは、会社ではできないと気づいた……073
ズレていくのは健全なこと……079

質問10・人生のプライオリティは明確ですか？……083
忙殺される中、何が本当に大切かを考えなかった……083

―仕事は「必要悪」にすぎない……085
―第一章のまとめ……088

第二章　問題意識というコンパスを持とう

日本のＮＰＯはソーシャルメディアを使えていない！……092
「プロボノ」との出会い……095
仕事の１００倍楽しい「プロボノ」……097
ブログの持つ「影響力の魔法」……100
書くことができる人は少ない……101
ＮＰＯ支援とブログ運営をはじめるが、幸せになれなかった……103
シュアールグループに見る「問題意識」という人生のコンパス……105
Ｗｈｙ、Ｈｏｗ、Ｗｈａｔで考えるキャリア……109
イケダハヤトの場合……112
社会人３年目のＡさんの場合……116
みなさんの「Ｗｈｙ」はなんですか？……121
スキルは問題意識を発見するレンズ……122

問題意識が明確であれば、成長スピードも加速する……124
問題意識が先か、スキルが先か……126
問題解決よりも、問題発見が重要……128
問題意識を抱けば、自分に対する厳しい視点を得られる……130
モチベーションのコントロールが不要になる……132
「お金のために働く」から解放される……133
「やりがい搾取」に気をつけよう……136
「修行搾取」にも気をつけよう……138
第二章のまとめ……141

第三章

問題意識を発見する8つの方法

1 専門家としてのスキルを身につける……146
2 日々の「これ、ありえない！」を大切にする……147
3 自分の過去を振り返る……149
4 他人と関わる……152
5 本を読む……154

6　NPO活動に関わる　156
7　「これからの〇〇」を考える　158
8　とにかく行動してみる　160
「ふんどし」で起業した中川ケイジさん　162
問題意識は人それぞれ　165
自分に責任がない問題を引き取っていく　166
問題意識はあるけど、解決策が見つからない場合　168
テクノロジーは解決策になりえる　171
エンジニア、デジタルネイティブの力を借りよう　174
ブログタイトルを変えたら仲間が集まってきた　176
問題意識があれば、リーダーシップが生まれる　178
第三章のまとめ　181

第四章　さあ、自分の旗を立てよう

デジタルツールを使って「旗を立てる」　184
企画書を作る　186

これからのリーダーシップ　192
情報はシンプルに、わかりやすく　194
伝わるメッセージ、伝えてもらえるメッセージ　197
企画書をオンライン空間にアップする　199
企画書を広めるためにブログをつくろう　201
WordPressの利用がおすすめ　203
「なぜこの企画をはじめようと思ったのか」を書こう　205
専門的なコンテンツや企画の状況を書こう　208
ツイッターを活用しよう　210
フェイスブック(個人アカウント)を活用する　215
フェイスブックページを活用する　218
クラウドファンディングサイトを活用する　222
オフラインの接点を用意する　226
ファンコミュニティを形成する　228
だれかの立てた旗に参加する　229
第四章のまとめ　231

第五章　批判を乗り越えるために知っておきたい12の真実

1　何かを変えるということは、だれかを否定すること……234
2　問題の多くは悪意ではなく善意から発生している……237
3　自分に向けられた批判は毒のようなもの……238
4　本当に心配してくれる人は、公衆の面前ではなく、
こっそり語りかけてくれる……240
5　怒りはエネルギーに転化できる……242
6　「炎上」しても実害はない……243
7　炎上している人はもっと炎上している……244
8　人間はどうやってもだれかに嫌われる……246
9　二流の人たちは離れていく……248
10　評価は後世の人が下す……250
11　勇気を出して賞賛を無視することも必要……251
12　過去の自分を殺しつづけよう……253
第五章のまとめ……256

第六章　レールが壊れた時代の若者の生き方

会社はぼくらを守ってくれない……260
大きなシステムから、たくさんの小さなコミュニティへ……262
「会社」よりも「家族」を……264
上昇志向を失ったわけではない……265
実験に価値がある時代……267
「上から目線」は通用しない……269
ぼくたちは自分にしかできないことを求める……272
人ではなく、仕組みが悪い……274
ぼくらは課題解決に魅力を感じている……276
「利己vs利他」から「利己＝利他」へ……278
社会をよくしようと思っているのは同じ……279
第六章のまとめ……281

あとがき……283

Think 21
就職しないで生きるには
New work style in the 21st century society

第一章
「これからの働き方」を考えるための10の質問

すぐれた問いというのは、自分の方向性を定めるためのコンパスのようなものです。第一章では、みなさんの現在地を意識してもらうために、ぼくから10の質問を用意しました。

これらの問いは、働きはじめたばかりの当時のぼくに問いかけたかった、または今も問いかけつづけている質問でもあります。厳しいものもたくさんありますが、ぜひ立ち止まって考えてみてください。

質問1　来月から給料が振り込まれないとしたら、あなたはどうしますか？

新卒で大企業。しかしそこはタイタニック

まずは自己紹介からはじめさせてください。

ぼくは1986年に横浜市戸塚区に生まれました。横浜というとオシャレなイメージがありますが、ぼくが育った戸塚は「プチ田舎」というべき土地で、小中高とのんびりとした牧歌的

な生活を送っておりました。

高校卒業後は早稲田大学に入学し、これまたのんびりとごく特色のない大学生活（バイトと音楽サークルに明け暮れていました）を送り、のほほんと流れにまかせて就活を終わらせ、2009年に大手半導体メーカーの「ルネサステクノロジ」に入社しました。


流れにまかせて就職できるのか？と驚かれるかもしれませんが、ぼくが就活をした2008年春は、いわゆる「超売り手市場」だったのです。初対面の人とのコミュニケーションが苦手なため、なかなか選考に通らず、60社近く面接を受けることになりましたが、時勢がよかったおかげで、なんとか希望していた大企業の内定をいただくことができました。

内定さえもらってしまえば、あとは最後のモラトリアムを楽しむだけです。サークル活動、バイトが9割、学業は1割、そんな生活を送っていました。謙遜しているわけではなく、特に誇るべきもののない大学生活でした。

が、2008年の夏にリーマンショックが起こり、なにやら不穏な空気が漂いはじめました。就活戦線は突如厳しくなり、中には不況が原因で「内定取り消し」になった同級生も。

ぼくが入社する予定だったルネサステクノロジも不況の煽りを受け、入社前には「今年は2000億円の赤字を見込んでいる」という報道が耳に入るようにもなりました。

一抹の不安を抱えながらも、「会社が潰れることはないだろう」という根拠なき楽観をもって、

２００９年４月、ぼくはルネサステクノロジに入社しました。希望していた広報部への配属も決まり、順風満帆な社会人生活がはじまる気がしていました。

しかし、そういう楽観的な見通しは、無知な若者の幻想にすぎませんでした。

ぼくが入社したその月、新人研修を受けている最中に、競合の半導体メーカー「ＮＥＣエレクトロニクス」との合併が日本経済新聞で報道されたのです。研修を一緒に受けていた同期が、新聞片手に「みんな大変だ！　なんかうちの会社合併するらしいぞ！」と駆け込んできたあのときの光景は、いまだに忘れがたいものがあります。

報道は真実で、数ヵ月後には、正式に合併することが社員に伝えられました。同時期には、大規模なリストラがあるだろうという噂も社内では流れていました（この噂もやはり真実で、後に１万人規模のリストラを実施しています）。

経営難による合併も控え、どうやら大きなリストラまであるらしい、前年度は２０００億円の赤字で、今年度も不況の煽りで巨額な赤字らしい。業界自体も構造不況の様相を呈しており、日本の半導体に未来はないと論じるジャーナリストもいる――ぼくが最初に入った会社は、そういう先行き不透明な状態でした。大企業という大船に乗ったつもりが実はそれはタイタニック号で、沈没への一途をたどっていた……というイメージでしょうか。

常識的に考えれば、こういう状況に置かれている人間は、かなりの危機感を持ちそうなものです。会社がなくなる可能性も考慮して、転職するなり、スキルアップを図るなり、自分のキャリアについて深く考えなおすものでしょう。

しかし、驚くべきことに、このような危機的な状況に置かれていても、ぼくは特段の危機感を覚えることはありませんでした。巨額の赤字でも毎月給料は決まった額振り込まれるし、少ないながらもボーナスも支給されます。「2000億の赤字なのに、なぜ給料が出つづけるのか」という基本的な疑問すら抱かず、ぼくは会社という仕組みに盲目的に依存していたのです。

フリーランスになった今から考えると、当時の自分の心情はよく理解できません。なぜ疑問を持たず、依存しつづけていたのでしょう。大きな船に乗っていたつもりで、安心しきっていたのかもしれません。その船が沈みかけているかもしれないというのに。沈んだとしても、だれかが助けてくれると、楽観的に構えていた気がします。

月給には副作用がある

第一章では、仕事について考える上での「問い」を提供していきたいと思います。ここで、最初の問いです。

「来月から給料が振り込まれないとしたら、あなたはどうしますか？」

これは、当時のぼくに投げかけたい質問でもあります。大企業にいた時代、ぼくは完全に月給を振り込んでくれる会社というシステムに依存していました。枯れないオアシスにでもいるような気分で、危機感を抱くこともせず、自分を高める努力もせず、「最悪だれかがなんとかしてくれるだろう」という他人頼みの態度を貫いていました。しかし、それが自分のキャリアをつくっていく上で望ましくないことは、振り返ってみれば明白です。

月給は生活の安定を約束する素晴らしいシステムですが、過度な安心感を与えてしまうという「副作用」があるように感じます。一度月給という仕組みに依存してしまうと、「来月も、来年も、変わらず給料が口座に振り込まれるだろう」という根拠なき甘えが芽生え、いざとなったとき自力で稼いでいくための力が失われていきます。

十分な月給が滞りなく支払われる会社は、オアシスのようなものです。しかし、オアシスのゆるーい環境に慣れきってしまうと、外で生き抜く力はなくなっていきます。もちろん月給をもらいながらもオアシスの中で切磋琢磨し、外でも生きていける力を身につけることも可能です。が、かつてのぼくがそうであったように、しばしば月給は危機感、向上心を失わせてしまうという負の側面を持つのです。だって、頑張らなくても毎月給料が入るのですから。

第1の問いに対して、みなさんが自信をもって「給料が振り込まれなければ、会社を辞めて、転職するか起業します」と答えられるのなら、みなさんはオアシスの外でも十分生きていける力を持っている人材ということです。このまま自分の力を高めつづけ、会社の中でも活躍していくべきでしょう。

一方、この問いに対して「この会社をクビになったらどこも拾ってくれない！」と軽いパニックを起こしてしまうようなら、自分の「会社依存度」について考えなおすべきです。

具体的には、外の世界でも通用するスキルを磨く、いざとなったら助けてくれるネットワークを社外につくっておく、しばらく給料がなくても生きていける資産をつくる……などの努力が求められるでしょう。

これからの時代は、入社試験をクリアし会社に一度入りさえすれば、定年まで月給が支給され心配なく暮らせる、なんて甘い考え方は通用しなくなるのです。

この点に関しては、意外なほど安心しきっている人が多いので、経験者として全力で警告をしておきたいと思います。会社はいつ潰れるかわかりません。会社がなくなったときの保険を用意しておきましょう。

すぐに会社を辞めろとか、そういう話をしているわけではありません。いざとなったとき、外でも生きていけるようになりましょう。厳しいようですが、自分の身は自分で守らないといけないのです。人生のコントロール権を獲得しましょう。これがまず、ぼくが伝えたいことです。

質問2　社外のプロフェッショナルとのつながりはありますか？

ブログがきっかけで転職できた

かくして経営不振の大企業に入社したぼくは、2009年の夏頃、ひょんなきっかけで「ソーシャルメディア」を担当することになりました。ソーシャルメディア担当、つまりツイッターやフェイスブックのアカウント開設・運用の担当スタッフです。

今考えると最高のタイミングなのですが、アメリカの拠点のマーケターから、「うちらもソーシャルメディアに取り組みたいから、日本のヘッドクォーターのスタッフ貸してよ」というオファーがあり、ウェブにも詳しかったぼくが抜擢されたのです。上司のみなさんも信頼してくれ、米国のスタッフと一緒に「ソーシャルメディアアカウントの開設」というワクワクする仕事に取り組むことができました。

今でこそツイッターやフェイスブックは日本国内でも普及していますが、当時、日本ではほとんどその存在が知られていませんでした。「ツイッターって何？　炎上しないの？　フェイスブックとツイッターとブログはどう違うの？」という国内スタッフの疑問に答えるのに、とても苦労をした記憶があります。

仕事のなかでは情報共有の一環として、海外のソーシャルメディア関連のサイトを閲覧し、読むべき記事をピックアップして社内でシェアするという業務を行っていました。今でもそうですが、やはり米国のマーケティングは日本より数年進んでおり、たくさんの企業活用事例や、活用にあたってのノウハウがブログ記事として共有されていました。

海外のブログ記事を国内スタッフにシェアする際には、当然日本語に翻訳します。この作業がけっこう手間で、せっかくの翻訳文を社内でしか共有しないのはもったいない気がしていました。

ふと思い立ち、ぼくは「日本にソーシャルメディアの風を！」というタイトルのブログを立ち上げ、海外記事の翻訳と、それに対する自分の意見を公開することにしました。

スタートした当初は1日50～100アクセス程度の小さなメディアでしたが、開設してから4ヵ月ほど経ったとき、転機が訪れました。

ソーシャルメディアが日本でも話題になるにつれ、ぼくのブログに検索エンジン経由で訪れる人たちが増加していったのです。

半年ほど淡々と更新しつづけたブログは、いつのまにか国内では有数のソーシャルメディアに関する情報源となり、グーグルで「ソーシャルメディア」と打ち込めば、ぼくのブログが1ページ目にヒットするようになっていた、というわけです。その後も日本国内でのソーシャルメディアへの関心は高まりつづけ、読者はいつしか月間数万人規模となりました。

そして、このブログが転職のきっかけになりました。

読者のなかにウェブマーケティング関連のベンチャー企業の社長がおり、彼とツイッターで何度か絡んだのちに、あるとき焼き肉を食べにいくことになりました。

ぼくが「会社が合併してリストラするみたいなんですよ……」「ツイッターやフェイスブックの導入も、国内拠点ではなかなか進まなくて……」と愚痴めいた話をすると、なんと彼は、「だったらうちに来ない?」と突然の転職のオファーを出してくださいました。いわく、「ソーシャルメディアのコンサルティング事業部を立ち上げようと考えている」とのことで、前々からブログを通してぼくに目をつけていたそうです。その焼き肉の席は、実はヘッドハントのための面接だった、ということです。

そんな縁で、ぼくは最初に勤めた大企業を11ヵ月で辞め、社員十数名のベンチャー企業で新規事業を立ち上げることになりました。まさか自分が1年足らずで会社を辞めることになるとは思ってもいませんでした。ブログはぼくの人生を変えてくれた、すばらしい道具となったのです。

情報発信をして社外のプロとつながろう

みなさんは、自分のスキル、実績、専門性を、会社の外にもしっかりアピールしていますか？　会社の外に、みなさんのことを「一目置いている」人はいますか？　人脈が会社のなかだけで閉じてしまってはいませんか？

終身雇用が崩壊し、いつ会社がつぶれるかわからないこの時代においては、社外のプロフェッショナルとのつながりを持つことはとても重要です。社外のつながりは、みなさんがスキルを磨くための機会も提供してくれますし、ぼくが経験したように、万が一のときのセーフティネットにもなりえます。まちがいなく、ないよりはあった方がよいでしょう。

社外の人とつながるための最良の方法は、自分の専門的な知識をオンライン、またはオフラインの場で共有することです。もっともコストが低いのは、ぼくのようにブログで情報を発信することでしょう。

目指すのは「専門家」ポジションです。狭い業界内でもよいので、「あの人はとてもこのテーマに詳しい人だ」「あの人の意見は一目置く価値がある」という評判を獲得しましょう。そうなれば、社外のプロフェッショナルとのつながりは簡単に生まれていくはずです。「まだまだ下積みだから共有できる知識なんてないけど……」と、しりごみすることはありません。入社して数年が経っているのなら、社外のプロとつながりを持つきっかけになる、何らかの専門性をもっているはずです。共有すべき知識というのは、何もそんな大それたものではないのです。

たとえば、みなさんが営業マンとして日々奮闘していたのなら、自分のブログを開設し、「入社4年目で初めて気づいた営業を成功させる5つのコツ」という記事を書いてみましょう。その記事がきっかけで、みなさんは「営業に詳しい若手ビジネスパーソン」という認知を得ることができるかもしれません。

大学院で研究にいそしんでいたのなら、得られた知見をブログで発信したり、学会やイベントで共有してみましょう。「大学院に行ってよかったこと、後悔したこと」なんてタイトルの記事も面白いでしょう。これも多くの人とつながるきっかけになるはずです。

大学卒業後、バイトしかしていなかった、なんて場合も問題ありません。そのバイトで得られた経験をだれかの役に立つかたちにパッケージ化し、提供してみましょう。たとえば「コンビニバイトでイヤな客に出会ったときの対処法」「2年間で6つのバイトをこなした私が教える、バイト選びのコツ」「店舗への来客数が増える意外なタイミング」「塾講師が教える、塾で成績が上がる生徒、上がらない生徒の特徴」などなどなど……どんな経験であれ、工夫次第でみなさんの専門性はコンテンツとして切り出すことができます。

まだ社会人になりたての新人でさえ、社会と広く共有できるコンテンツは必ず持っています。たとえば「うぇーぶろぐ（studyweb.hatenablog.com）」を運営するNanahoさんは大学を卒業したばかりの方ですが、

- 就活時代の自分に言ってあげたい、「気付き」と「持てる選択肢」について。
- サンフランシスコでインターンをして強く感じた5つのこと。
- ちゃんとした留学経験もない留年女子（私）がアメリカで働くと決めるまで。

といったタイトルで素晴らしい知見を共有してくださっています。特に3つ目の記事はツイッターで350回近くリツイートされており、1万人以上の人が閲覧したと思われます。

文章を書くのが苦手なら、自分で勉強会を主催してもいいでしょう。オンラインのツールを使えば、すぐにでも自主勉強会の開催・集客は可能です。

たとえば「ストリートアカデミー（street-academy.com）」というサービスを利用すれば、専門的な知識をもつ普通の個人が、会場・集客のサポート付きで勉強会を開催することができま

ビッグイシュー「ホームレス人生相談」

ストリートアカデミー

す。みなさんの持っている専門性によっては、20～30人の受講生に知識を伝え、彼らとつながることができるでしょう。

　ブログを書くにせよ、勉強会を開催するにせよ、ほとんどリスクはありません。あとはやる気の問題です。はじめからうまくいくとは限らないので、とりあえずアクションを起こしてみて、うまいやり方を模索していきましょう。ぼくもはじめは試行錯誤しながら、自分なりのブログ執筆スタイル、イベント運営スタイルを見いだしてきました。

　人間である以上、だれもがすばらしいコンテンツを持っています。

　個人的にお手伝いをさせていただいているホームレス支援雑誌『ビッグイシュー（bigissue-online.jp/）』には「ホームレス人生相談」というコーナーがあります。ホームレスというと「かわいそうな人たち」「助けられる人たち」という認識が一般的ですが、この人生相談では、ホームレスの方々が、相談者にアドバイスをするんですね。

ひいき目ではなく、人生経験に裏打ちされたこのアドバイスが、とっても胸を打つのです。はじめて読んだときは、（何とも嫌らしい上から目線で、自分自身あとで反省したのですが）「ホームレスなのにこんなに面白いとは！」とショックを受けました。この世に生きる人間である以上、すばらしいコンテンツをだれしも持っているのです。「ホームレス人生相談」と検索すればウェブサイトがヒットするはずなので、ぜひ閲覧してみてください。

また、「文章力がない」という言い訳を用意する方もいらっしゃるかもしれません。ぼくは厳しくも断言させていただきますが、これは完全に言い訳です。「文章力がないから文章が書けない」というのは、「走るのが苦手だから走れない」「ジャンプするのが苦手だから跳び箱ができない」というレベルの話です。文章を書く能力は、日本で教育を受けて、ましてやこの本を読んでいるぐらいなら、十分に備えているはずです。

そもそも「文章力の高い文章」を書く必要なんてないのです。ぼくの文章だって、ことばは稚拙ですし、文法的にも全然正しくありません。「文章力の高い文章」と、「伝わる文章」は別物です。伝えたい想いさえあれば、文章力が多少低かろうと、十分ことばは伝わるものです。技術的には下手なのに、なぜか感動する音楽や絵画ってありますよね。いわゆる「ヘタウマ」というやつです。アマチュアとして文章を書くのなら、「ヘタウマ」を目指すのが賢い選択だとぼくは思います。

ぼく自身は、書くことによって救われ、書くことによって人生が拓けました。情報発信はあくまでひとつのやり方にすぎませんが、この本を手に取った以上、ぜひみなさんにもチャレンジをしていただきたいです。自分の身を守り、能力を高めるうえでも、積極的に情報を発信し、社外のプロフェッショナルとのつながりを獲得することをおすすめします。

質問3　「下積み3年」なんて価値観をもっていませんか？

流れの速い川、遅い川

ブログがきっかけでベンチャー企業に転職したぼくは、社長とふたりで「ソーシャルメディアマーケティングコンサルティング事業部」という早口言葉めいた事業部を立ち上げることになりました。

わかりにくい名前ですが、ようするに企業に対して、ツイッター、フェイスブック、ブログといったデジタルツールの活用コンサルティングを行うビジネスです。

ぼくが転職をした2011年3月当時は、テレビやビジネス雑誌でもソーシャルメディアが常に話題になっており、企業のマーケティング活用への関心、コンサルティングのニーズも高まっていました。すでに海外ではソーシャルメディアマーケティング支援は大きなビジネスとなっており、日本でも同様の市場が立ち上がることをぼくたちは確信していました。

これまた運がいいことに、ぼくが入社した会社は、たまたま親会社がウェブマーケティングのコンサルティングを行う上場企業でした。こうした親子関係があると、親会社が担当しているクライアントのコンサルティング案件を、子会社であるぼくたちがサポートすることになります。

親会社は一流のコンサルティング会社だけあって、クライアントもだれもが知る一流企業ばかりでした。そんなわけで、ぼくは社会人2年目にして名だたる企業のコンサルティングに携わることができました。上司のサポートがあったとはいえ、今振り返っても未経験の若者が担当するにしては、分不相応といってよいくらいの贅沢な仕事だったように思います。

1年目大企業、2年目ベンチャーというキャリアを歩んで感じたことは、大企業とベンチャー企業ではスピード感があまりにもちがうということでした。

たとえていうなら、大企業は悠然と流れる大河のようで、一方でベンチャー企業は岩だらけの急流のようでした。ことばはたいへん悪いですが、大企業はその大きさゆえに、水が淀んで死んだサカナたちがぷかぷかと浮いているような箇所もあったように思います（口が悪くてごめんなさい）。

特にちがいが大きいのは、新人教育に対する考え方と、そのあり方でしょう。

ぼくの場合、大企業では1ヵ月の集合研修、1ヵ月の配属予定部署での研修、2ヵ月間の工場研修を経験しました。冷静に考えるとすごいことですが、まったく使えない新人を、4ヵ月もかけて給料も払いながら、教育してくれたのです（しかもぼくは11ヵ月で辞めてしまいました……）。フリーになった今にしてあらためて感じますが、会社側にかなりの余裕がないと、こういうことはできません。充実した新人教育は、やはり大企業のよさだと思います。

とはいえ、大企業での新人教育の内容が無条件ですばらしいかというと、かなり疑問が残ります。実際に新人研修を経験してみて、「この教育は社内的な通過儀礼にすぎないな」という印象を受けました。これは大企業に入社した若手が、一様に感じることかもしれません。

たとえば工場研修は、現場でなにかを学ぶことではなく、「現場を経験すること」それ自体に目的が置かれています。「現場に行った」という経験をすることで、社内のコミュニケーションがスムーズになるわけです。「おまえも同じ釜のメシを食ったんだな！」という共通言語を獲得するための研修というわけですね。

ひとつの会社に勤めあげるのなら、この種の通過儀礼は必要かつ有用なものでしょう。しかし、ぼくのように転職・独立してしまった人間にとっては、せっかくの新人研修も、残念ながら今の仕事に役立ってはいません。大企業の研修は、当然ながら、あくまでその企業に勤めつづけることが前提で設計されているのです。

一方で、ぼくが入社したベンチャー企業には、その種の通過儀礼はまったくありませんでした。というか、そんなまどろっこしいことをしている余裕はありません。

転職してまず驚いたのは、入社したその日から仕事を任されたことでした。「はい、これやっといて！」といきなり資料が手渡され、「できたら教えてね、わからなかったら聞いてねー！」と、ひとこと告げ、社長はすぐに自分の仕事に戻っていきます。これが本当の「ＯＪＴ（On the Job Training)」というヤツか！とカルチャーショックを受けたことを覚えています。

大企業時代は「下積み3年」という価値観のもと、上司からいわれたことだけを順番にこなし、日々成長している気になっていました。

が、ベンチャーに就職して、そんなものは成長でもなんでもないことを痛感しました。厳密にいえば成長しているのかもしれませんが、牛のような、亀のような歩みです。

下積みマインドを捨てられたことで、自分自身の市場価値は大きく上がったと実感しています。その証拠になるかはわかりませんが、ベンチャー企業で積んだ経験を生かして、ぼくは社会人3年目でコンサルタントとして独立し、フリーランス稼業をはじめることができました。大企業に所属しつづけていたら、ここまで短期での独立はできなかったはずです。

必死に泳がないと溺れるような環境に身を置く

仕事において「いわれたことをやる」のは当然のことです。本当に仕事で求められるのは、「いわれていないこともやる」ことです。そういう積極的な姿勢をもてば、成長スピードは格段に加速していきます。

「下積み3年」は、高度経済成長に支えられ、終身雇用が実現していた牧歌的な時代だからこそ通用する受動的な意識です。ぼくらが生きる時代は、もうそんな甘い考え方は通用しません。そもそも、自分が入った会社が3年以内につぶれることだって十分ありえます。下積み中に会社がつぶれたら、一体どうすればいいのでしょう。そのまま路頭に迷うのでしょうか？

まわりの同世代の話を聞くかぎり、多くの大企業はいまだに「川の流れ」が遅いようです。1日座っていわれたことをこなしているだけで毎月20万円貰える、なんて冗談のような話も耳にしたことがあります。そういう環境は短期的には幸せかもしれませんが、長い目で見れば、後悔の原因になるはずです。このまま逃げ切れる中高年ならまだしも、ぼくら20代は若いうちに濁流を泳ぐ力を身につけておいた方が、今後数十年の生存確率は高まるはずです。

今、みなさんはどんな川を泳いでいますか？　腐った川の中を、盲目的にたゆたっていませんか？　いわれたことをこなしているだけで、仕事が完結してはいませんか？

もしみなさんが今の問いかけにドキッとするのなら、これまたマッチョな話ですが、心身の余裕の範囲で、次のようなアクションを取ってみることをおすすめします。

・ブログをつかった情報発信をはじめてみる
・同業他社のビジネスパーソンと会う機会を積極的につくる
・社外の友人たちとプロジェクトを立ち上げてみる
・社内で新規プロジェクトを企画してみる
・より厳しい環境の会社に転職する
・独立できるようなら、フリーランスとして活動をはじめてみる
・自分で会社を立ち上げてみる

なんて選択肢を人生に取り入れてみてはいかがでしょうか。後の方になればなるほど川の流れは荒くなり、日々を生きる必死度は高くなっていくと思います。会社を辞めても生きていけ

る力を身につけたいのなら、できる範囲でいいので、険しい道を意識的に歩んでいくべきです。

ただ、みなさんが心身ともに疲弊してしまっており、とても挑戦なんてできない精神状態の場合は、まずはゆっくり心身を休めることに専念しましょう。ぼくら世代のビジネスパーソンには、そういうひん死の状態の方も少なくないと思っています。ゲーム的にいえば、まずはHP（ヒットポイント）を回復させる必要があります。HPがギリギリな状態では、挑戦したところで即死してしまうのがオチです。

入社して数年、精神的な余裕は一向に生まれず、仕事は辛くなるばかり。うつ病の危険を感じながら働きつづけ、実際に心身の状態も悪化している――そんな状態なら、思いきって一度休職・退職し、数ヵ月ないし数年の「回復期間」を設けてもいいと思います。

急流に揉まれることも大切ですが、それは心身の健康あってのことです。満身創痍《まんしんそうい》で川に飛び込もうとする友人がいたら、みなさんは「まず休んでからだろ！」と引き止めるでしょう。「下積み3年」が過去の話になったいま、ぼくらは自分のコンディションをよく認識し、適度に負荷をコントロールすることが求められていることにも、注意をしておきましょう。みなさんががんばり果てて潰れてしまったとしても、「自己責任」の名のもとに見捨てられてしまう可能性は、残念ながら高いのです。

質問4　「会社を辞める」という逃げ道を確保していますか？

会社を辞めたって死にはしない

ぼくは大企業を11ヵ月で辞め、ベンチャー企業も13ヵ月で辞めているという、履歴書的に見たら一発でアウトな社会人です。根気ゼロだといわれても、しかたありません。ツイッターではしばしば匿名のおじさんたちから「3年ぐらい我慢して働くべきだ、だからお前はダメなんだ」と上から目線の叱咤激励をいただくのですが、まぁ、その気持ちはわかります。

とはいえ、ぼくはいま、とても幸せに生きています。人生は有限ですので、さっさと会社を辞めてよかったとすら感じています。会社に勤めつづけていたら、このように本を出すこともなかったでしょう。

ぼくは日本社会にしぶとく共有されている「会社というものはせめて3年は勤めるべきだ」という常識に真っ向から異議を唱えます。会社なんて山のようにあるんですから、だめならさっさと見切りをつけるべきです。

なんで心身にダメージを負ってまで、「3年ぐらい我慢」しなきゃいけないんですかね？　我慢してなにかいいことがあるのでしょうか？　ぼくの友人には数ヵ月単位で会社を辞めている人間がごろごろいますが、みなさん幸せにやっていますよ。

「石の上にも三年」という格言や、「若いうちは上の世代のいうことを黙って聞くもんだ」という説教がおじさん世代から発せられるとき、そこにはしばしば「俺が経験した苦労をしないなんて認められない」という嫉妬心が含まれているものです。

一昔前の時代に生きた彼らは「我慢」せざるをえなかったかもしれませんが、今はそんなことはありません。ぼくら世代はもっと、生きたいように生きていいはずです。

上の世代に同化してしまっているのか、同世代のビジネスパーソンと話していても、「会社を辞める」という選択肢が頭にまるで入っていない方がいることに驚きます。転職する、独立するという選択肢をまったく頭の中に入れておらず、だれから頼まれているわけでもないのに、「会社」という小さな枠に自らを縛りつけてしまうような方々です。

もちろんひとつの会社に長く勤めることができるのは喜ばしいことです。そこで成長ややりがいを実感できていて、人間関係にも恵まれていて、労働環境にも満足しているのなら、その会社に勤めつづけるべきでしょう。しかし、たいして成長できない環境に身を置きつづけるのは自分にとっての損失ですし、激務やプレッシャーで体を壊してしまっては元も子もありません。

仕事にやりがいを感じられない、このままだと成長できる気がしない、業界がどうみても衰退している、人間関係に恵まれず心身の調子を崩してしまっている――そういう状況に直面しているのなら、みなさんを縛る会社から一度「逃げる」ことを、ぜひ検討してみてください。

心の中に辞表を持とう

ベンチャー企業に勤めている当時、ぼくは「いつ会社を辞めてもいい」と思いながら日々仕事をこなしていました。辞表をカバンに入れていたわけではありませんが、心のなかには常時携帯していました。

いざとなったら同業他社に転職できる自信はありましたし、2年ほど無収入でも生きていけるだけの貯金もあったので、独立してもしばらくは平気だろうという計算もありました。

逆説的ですが、心の中に辞表を持っていると、自然と仕事のクオリティは上がっていくものです。いつ会社を辞めてもよければ、会議などで不必要に空気を読むこともなくなりますし、論議を呼ぶような挑戦にも取り組みやすくなります。嘘だと思うのなら、ぜひ辞表をカバンに入れて働くようにしてみてください（笑）。

「辞めてもいいと思うこと」と、「会社を好きでいること／嫌いでいること」は、関係がありません。みなさんがどれだけ今の会社が好きだとしても、ぼくは辞表を胸に抱いておくことをおすすめします。ぼくの場合も、会社は好きでしたが、それでも「辞めてもいい」と思いつづけて仕事をしていました。

直感に反するかもしれませんが、会社が好きだからこそ、「会社を辞める」という「逃げ道」を確保しておくべきだとも思います。「大好きだから、この人（会社）とずっと一緒にいたい」と思っていると、自分を曲げてまで、相手に添い遂げようとしてしまうものです。両者の関係というものは、お互いが大切なものを尊重しあえる状態でこそ、健全で幸せなものになると思います。

とてもマッチョで不遜なことばかもしれませんが、これからの時代は、会社は「踏み台」として考えるべきです。

「次」を常に意識して、「今の会社はあくまで踏み台」として捉えれば、自然と成長意欲がわきだし、仕事にも熱心に取り組むことができるでしょう。

「次」を意識した人材は、会社にとっても役立ちます。会社にとってなによりも悪いのは、「ここにいれば安全だ」「一生この会社に勤めあげてやる」と会社にしがみつき、いわれるがままにそこそこの仕事しかこなさない人材です。

いまの社会で一般的な働き方は、数十年前につくられた古いモデルです。昔は機能したかもしれませんが、いまこの時代に同じ働き方をすると、当然いろいろな部分でガタが出てきてしまいます。

仕事や会社なんてもののために、自分を痛めつけること、過度に我慢することはありません。盲目的に「我慢」するのではなく、正しいやりかたで「努力」しましょう。

別に会社を辞めたって死にはしないのです。自分の身を守り、成長するためにも、「会社を辞める」という選択肢を、頭のなかに叩き込んでおくべきです。

質問5　最低限の生活コストはいくらですか？

独身だったら可処分所得150万円でも最悪生きていける

ぼくは社会人3年目にしてフリーランスになったわけですが、しばしば「いきなり独立するなんて、怖くなかったんですか？」という質問をいただきます。

この質問にたいして、なんとも生意気な感じがしますが、ぼくは「ほとんど怖くなかった」と回答しています。

というのも、ぼくは節約生活が得意な人間でして、その気になれば現金が150万円もあれば、税金や社会保険料を払いながら（減免申請はおそらく必要ですが）十分生きていけることがわかっていたのです。

男ひとり、生きていくのにそんなにお金はかかりません。会社を辞めるとはいえ、2年間働いたぶんの貯金もあり、最悪収入がほとんどなくても、2～3年は生きていける自信がありました。また、当時は妻が共働きをしてくれていたので、その安心感もありました。さらに、実家が横浜にあるので、食べていくのが本当に難しければ、実家に戻ればなんとかなったりもします。

生活コストがかからなければ、その分だけ「稼ぐ必要性」も下がっていきます。「とりあえず150万円の現金を稼げばトントンで生きていける」という安心感を持つと、お金のために会社に勤めていることがバカらしくなります。会社を辞めて1～2年無収入でもなんとかなるのなら、なんで毎日我慢して会社に行かなきゃいけないのでしょう。別に数ヵ月、数年ふらふらしたっていいじゃないですか。

まずはぜひ、みなさんの「最低限の生活コスト」を確認してみてください。できるかぎり切り詰めた生活を送るとしたら、本当に年収300万円も必要でしょうか。食うために、住むために、着飾るために働いてはいないでしょうか。お金なんかのために、自分を犠牲にしてはいないでしょうか。

今後、経済成長が鈍化、低迷していく中で、お金を稼ぐこと自体も難しくなっていきます。我慢して会社に勤めていれば、いずれ管理職になって年収800～1000万になるだろう、なんてのは甘い考えです。

うつ病、自殺が相次いでいる日本社会を見るに、「お金を稼ぐ」という行為は、すでに重すぎるベンチプレスになっているようにも感じます。経済成長が止まっているのに、ぼくらは相も変わらず「成長！成長！」とむち打たれているのですから。

でも、ひとりの人間が幸せに生きるために、お金はそんなに必要なのでしょうか？　ぼくは心底疑問に思います。「年収は1000万円。でも、毎日残業をして家族との時間もつくれず、心許せる友だちもいない。いつもギスギス、ピリピリしている」という人生と「年収は200万円。でも、週3日だけ働いて、読書をして、昼寝をして、家族と一緒にご飯を食べて、週末は気の合う友だちと遊ぶ。心はいつも余裕たっぷり」という人生では、どう考えても後者の方が幸せでしょう。

これからの社会においては、「お金のために」仕事をするのはナンセンスになっていきます。ぜひみなさんも「最低限の生活コスト」を明らかにし、自分が今の環境で働きつづける合理的理由があるのかを検討してみてください。

テクノロジーを活用して生活コストを下げる

この時代に生きる大きなメリットは、テクノロジーを活用すれば、生活コストを下げられることです。テクノロジーの時代が訪れる前は、貧乏人は文字通り貧しくあることが求められたかもしれません。しかし、いまこの時代においては、それなりのＩＴリテラシーと行動力さえあれば、貧乏であっても豊かに暮らすことは十分可能です。

身近な例では、音楽や動画、文章といったエンタメコンテンツは、既にオンラインの世界に大量に無料でばらまかれています。これをお読みのみなさんも、ＹｏｕＴｕｂｅ、ニコニコ動画、ブログ、ニュース記事などなど、インターネット上の無償のコンテンツのお世話になっていることかと思います。有料サービスの価格も下がる一方で、たとえばストリーミングサービス「Ｈｕｌｕ」を使えば、月額９８０円で海外ドラマやハリウッド映画がいつでもどこでも見放題です。ぼくはＨｕｌｕさえあれば、無人島でも楽しく暮らしていけると確信しています。

少し違う切り口では、学習コンテンツの低コスト化も進んでいます。自分を磨くために、もうそれほどお金はかからなくなっているわけです。

いくつか例を挙げると、プログラミングの学習を無料でできる「ドットインストール(dotinstall.com)」、世界中の識者のプレゼンが無料で視聴できる「ＴＥＤ（ted.com)」、大学受験用の動画教材を無料で提供する「まなびー（manavee.com)」などは、無料で学習機会を提供する優れたサービスです。プログラミングも、世界レベルの教養も、大学受験も、いまは無料で勉強できてしまうのです。この無料化の波は今後もさまざまな学習領域にひろがっていくと思われます。

ドットインストール

まなびー

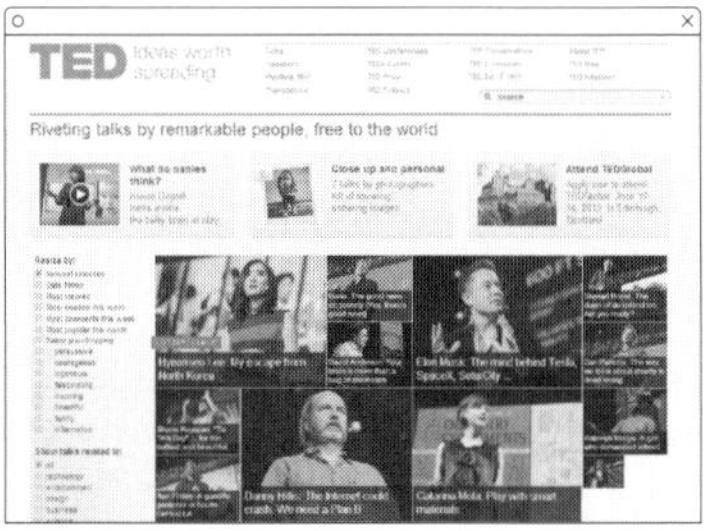

TED

有料のものでも、月額数千円でネイティブスピーカーから英会話が学べる「Skype英会話」は、インターネットが教育に起こしたイノベーションの一つでしょう。Skype英会話は、フィリピンなど物価が安い国のネイティブスピーカー講師と、無料のビデオ通話サービス（Skype）で英会話を学ぶことができるサービスです。現地との物価のちがいを利用しているため、いわゆる「駅前留学」型と比べて、その価格比は20分の1にも及びます。ほんの5年前は、英会話を学習するために数十万円を払っていたわけですが、いつのまにか毎月5000円も払えば、毎日ネイティブスピーカーと英語で会話できるようになっているわけですね。

エンタメ、学習につづいて「住居コストの低下」も重要なトレンドだと思います。家賃は年収の3割といわれますが、これ、ぼくの感覚ではどう考えても高すぎます。ぼくはサラリーマン時代、家賃を払うために働いているような気分に陥っていました。月収20万のうち、6万円が家賃に消えていくなんて、明らかにバランスのおかしい話です。家賃なんてせいぜい年収の1割～1・5割程度が妥当なラインでしょう。

「安く住む」を実現する手段としては、ぼくら世代にとっては「シェアハウス」がおなじみです。他人と一緒に暮らすシェアハウスは、家賃や光熱費が安あがりになるのはもちろん、家具・大型家電も買わずに済みますし、家事の手間も分かち合うことができます。この合理的な暮らし方は着実に市民権を得ており、ぼくの周囲ではシェア暮らしを経験していない独身を探す方が難しかったりします。

さて、そんなシェアハウスもまた、テクノロジーによって変化の時期をむかえています。シェアハウス仲間をインターネット上で集めることができる「コリッシュ（colish.net）」は、いってみれば「シェアハウス2・0」を実現するサイトです。

コリッシュには、「みんなでネコを飼うシェアハウス」「シングルマザー向けのシェアハウス」

「ミュージシャンが集まるシェアハウス」など、さまざまなコンセプトを持つシェアハウスの情報が掲載されています。それらのコンセプト型のシェアハウスは、もちろん条件があえば実際に入居することができます。コリッシュは単に家をシェアするだけではなく、ライフスタイルもシェアすることができるサイトなのです。テクノロジーによって、家探しやご近所付き合いのあり方も変わっていくのかもしれません。

その他、有効活用すれば生活費を抑えられるウェブサービスは枚挙に暇《いとま》がなく、

- 不要な本、家具、家電などがタダ同然で引き渡されている「リブリス（livlis.com）」「ジモティ（jmty.jp）」「クレイグスリスト（craigslist.com）」
- 個人間で車をシェアし、従来のレンタカーの半額程度で車をレンタルできる「CaFoRe（cafore.jp）」
- 使われていないスペースを安価にレンタルすることができる「軒先.com（nokisaki.com）」

などのサービスが挙げられます。特にリブリスやジモティは、普通に市場価値があるモノが超安価、もしくは無料で出品されており、はじめてサイトを訪れるとちょっと驚くと思います

リブリス

コリッシュ

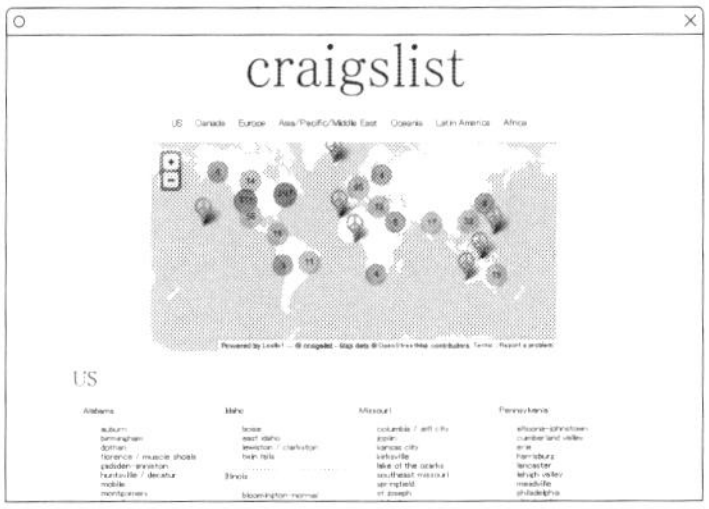

クレイグリスト

ジモティ

軒先

CaFoRe

（みなさんも不要品があればぜひ出品してみてください）。

インターネットはコンテンツのコストを徹底的に下げただけでなく、人々をつなげることで、生活それ自体も低コスト化させています。昔だったら買わなきゃいけなかったものを、今はだれかに借りたり、無償で手に入れられたりできるのです。

その意味では、テクノロジーを活用するかどうかで、必要な生活コストは変わっていくでしょう。経済成長が難しくなるこれからの時代、テクノロジーの積極的な活用は、重要な生活防衛術になっていくと思います。

ぼくらは個人として幸せに生きていくのなら、もうそれほどお金は必要としていないはずです。みなさんがお金稼ぎが得意でもないかぎりは、「最低でも年収は３００万円ないと豊かに生きていけない」「30代になったら最低でも年収６００万円は稼いでおきたい」的な自縄自縛からは逃れましょう。まずは一度、等身大の暮らしをするために最低限必要なコストを洗い出してみてください。

質問6　「働き方のロールモデル」はいますか？

数々のロールモデルを参考に自分なりの働き方をつくった

自由にワークスタイルを設計できるフリーランスであるぼくは、いま現在ちょっと特殊な働き方をしています。その特殊な要素をピックアップすると、

・文筆業、コンサルティング業を主とするフリーランスとして、時間と場所に縛られず働いている（いわゆる「ノマドワーカー」）。
・なるべく早く起床し、午前中はブログ執筆、電車移動を含む打ち合わせは基本的に午後に入れている。そのため満員電車とは無縁。
・2012年11月は、妻の出産に合わせて丸々1ヵ月の産休を取得。打ち合わせはSkypeのみ対応。

・２０１２年12月から２０１４年5月までの1年半は育休を取得予定。業務時間は1日6時間程度に抑え、都心に出るのは週に1〜2回に制限（現在、東京都多摩市という郊外に居住しています）。
・業務に余裕がある範囲で、無償でＮＰＯ団体のウェブマーケティングのコンサルティング、取材記事の執筆などを行っている。多い月では40時間程度、少ない月でも15時間以上はボランティア活動に時間を割いている。
・フリーランスは退職金もないので、「定年退職」は想定に入れておらず、死ぬまで働くつもりで文筆業中心のキャリアを構築中。

……なんてところになるでしょうか。見ての通り、一般的な会社員とは大分違う働き方をしているはずです。ボランティアに時間を割いたり、育休がっつり取ったり、ノマドワーキングをしたり……ぼくとそっくり同じ働き方をしている人は、恐らく日本にはいないと思います。

ここからが本節の主旨なのですが、すごく独自の働き方をしているように見えて、実はこれらは全てにおいてロールモデルがいます。ぼくはロールモデルとする方々のライフスタイル、ワークスタイルの「いいね！」と思うところをかいつまんでコピーし、自分の生き方をデザインしています。完全に独自の要素はひとつもありません。

たとえば「業務時間の中にボランティアワークを含める」というのは、ＮＰＯフローレンスの元副代表で、マーケティングコンサルティング会社の代表も務める岡本佳美さんの働き方そのままです（ビジネスとボランティアを両立させる働き方を、彼女は「二足のわらじ」と呼んでいます）。「都心から離れた場所に住んで、子育てをしながら働く」というのは、「ＴｅｃｈＷａｖｅ(techwave.jp)」というメディアの副編集長を務める、増田真樹さんの働き方を参考にしています。後述する「イクメン(ikumen-project.jp)」の篠原広高さんも、たくさんの刺激を与えてくれました。

「死ぬまで働く」というのは、ぼくが敬愛する数々のアーティストの姿に学びました。歴史的なアーティストの多くは、みな死の直前まで仕事をしているものです。願わくは、ぼくも死ぬまで文章を書いて生きていきたいと思っています。

そんなわけで、ぼくの独創的に見える働き方は、数々の人の部分的コピーの寄せ集めなのです。自分がよいと思うものの集合体なので、当然ぼくにとってはこの働き方は幸せです。これからもさまざまな人のライフスタイル、ワークスタイルをコピーし、ぼくは自分なりの生き方を設計していこうと考えています。

本来働き方というのは多様であるべきです。乳幼児を育てている人たち、小学生の子どもがいる人たち、独身の人たち、ひとり親（シングルマザー、シングルファーザー）の人たち、親の介護をしている人、うつ病で休職していた人たちが、みな一様に「満員電車に乗って9時5時で東京のオフィスに出勤する」のは異常なことなんです。まるで個人の生き方がまったく考慮されていないという意味で、これは奴隷労働です。ワークスタイルをもっと人間的にすることは、ぼくたちの世代が担う重要なミッションだとぼくは考え、このように情報発信をしています。

これからのワークスタイルに「テッパン」はない

高度経済成長期は、敷かれたレールに沿って働いていれば一定の幸せを得られたかもしれませんが、ぼくたちの時代はそうはいきません。「大きな会社に勤めていれば安心」というのは完全に幻想です。毎日ぎゅうぎゅうの山手線に乗っていれば幸せが待っているわけではありません。

レールが失われた時代において必要なのは、あとの世代のために、自分で道をつくっていく力だと思います。働き方は、クルマがビュンビュン走る大きな一本道ではなく、裏路地だらけの街のように、多様であるべきです。今はまだまだ裏路地が足りません。もっともっとたくさんの分岐が社会には必要です。

ぼくのワークスタイルがモノマネの集積であるように、参考にすべき材料は世界中に転がっています。何を選び取るかはひとそれぞれです。ぼくを参考にしても、反面教師にしてもよいでしょう。まずは「9時5時の労働」「オフィスへの出勤」「残業」「体調が悪いのに会社にいかないといけない」「有休を消化できない」などなど、みなさんを縛っている枠を疑ってかかりましょう。そして、自分にとって心地よいワークスタイルを、生涯にわたって模索しつづけましょう。

何よりも、常識を疑うことが大切です。友人の篠原広高さんは、子どもができたことをきっかけに「イクメン」になることを決め、正社員として勤めていた会社と交渉を行い、育児中は「週3日出社」というスタイルで会社と関わりつづけていました。

いわく、ヨーロッパでは育児中に業務量を調整するのは一般的なことだそうです。たしかにこれは合理的ですよね。そして、ヨーロッパの人たちにできて、日本人にできないわけはありません。たかが働き方なんですから。日本においても「子どもができたので、2年間は週3日勤務にします」なんてフレキシブルな働き方を、一刻も早く一般化させるべきだと思います。

みなさんのまわりで、琴線に触れるような働き方をしている人を見つけたとき、ぜひ彼らの生き方を強く記憶しておきましょう。彼らはきっとロールモデルになるはずです。これからの時代は、自分なりのワークスタイル、ライフスタイルを築き上げられるかどうかで、人生の幸福度が変わってくると思います。

ロールモデルを見つけるための入り口のツールとしては、ツイッターがおすすめです。「つぶやくことなんてない」という理由でツイッターを使っていない人は多いですが、ツイッターは情報を受信するためのツールとしての側面もあります。フォローする人を探すのが難しければ、「ツイプロ（twpro.jp）」のようなプロフィール検索サービスを利用してみましょう。たとえばみなさんが人材系の企業に勤めているなら、ツイプロで「人材 コンサル」「人材 86」などのキーワードで検索してみましょう。人材のプロフェッショナルや、同世代・同業種の社会人とつながることができるはずです。彼らのつぶやきを見るだけでも、たくさんの刺激を受けることができるはずです。

質問7 「死ぬまで低収入」でも働けますか？

定年も年金も幻想

悲壮な話ですが、人口が減少していくこれからの日本社会を考えると、ぼくたちには「退職金と年金を貰って悠々自適な老後生活を送る」なんてぜいたくは、まず許されないはずです。会社を上場・売却して億万長者になりでもしないかぎりは、心身が許すかぎり働きつづけるのが一般的になるでしょう。

平日に箱根なんかにいくと、多くのシニアが余暇を楽しんでいらっしゃいますが、ああいう光景は、ぼくらの時代には過去のものになります。事実、この本を書いている2012年12月現在でも、定年退職を廃止しよう、延長しようという議論が盛んに行われていますし。

ぼくたち世代は「死ぬまで働く」ことを前提にキャリアをつくるべきなのです。

上の世代の方々は「定年まで働く」が前提だったかもしれませんが、ぼくたちはちがいます。

「死ぬまで働く」が前提です。

もっといえば、経済成長に支えられた「年功賃金」も実現困難になっていくことを考えると、「死ぬまで低収入で働く」という厳しすぎる前提となるかもしれません。80歳まで年収200〜300万円で働くという悲観的な未来ですね。

ぼく自身、フリーランスなのでそもそも退職金も、年功賃金も、定年もありません。自営業者が加入する国民年金は、満額支給でも年間80万円弱なので、フリーである以上「年金暮らし」はそもそもありえません。というわけで、ぼくは「死ぬまで低収入でも働く覚悟」を持って、日々仕事に臨んでいます。

正社員であっても、「老後生活」をささえる基盤は今後間違いなく崩壊していくでしょう。もしもみなさんが、「40になれば課長で年収800万、50になれば部長で年収1000万、60まで我慢すれば数千万の退職金」などと呑気なことを考えているようなら、そんな考えは早々に捨て去るべきです。高度経済成長はもう終わっているのですから。これからぼくらを待っているのは「死ぬまで働く」低成長時代です。今みなさんが正社員であっても、「組織のレールに乗っていれば定年まで平和に生きていける」なんてことはありえない話です。

職業選びの2つのポイント

これからの職業選択のポイントは、「死ぬまで自分が楽しめるか」「年を取れば取るほど有利になるか」という2つに集約されます。

まず、どうせ死ぬまで仕事をするなら、楽しみながら仕事をしたいものです。つまらない仕事、我慢しながらやる仕事を「死ぬまで」やるのは苦痛そのものです。仕事とはいえ、気分的には「遊び」と変わらないモチベーションで取り組める仕事が理想です。

たとえばみなさんがサッカー好きだとしたら、サッカー評論家、サッカーコーチなどの仕事が「死ぬまで自分が楽しめる」仕事になるでしょう。そこまでスキルが高くない場合も、サッカー場のメンテナンスや掃除をする仕事なんかは楽しみながら取り組めるかもしれません。

とはいえ、死ぬまでそれなりに稼げて、かつ楽しめる仕事を見つけることは、年収1000万円を稼ぐことよりも難しい気もします。現実的に考えれば、とても消極的ではありますが、「これなら死ぬまでつづけてもいいなぁ」と思える仕事が見つかれば、かなりハッピーな部類なのかもしれません。

みなさんは今の仕事を「死ぬまで低収入で」つづける覚悟がありますか？　定年なんてなくなるのですから、そういう視点でキャリア形成をしないと先行きは危険です。

これからの仕事選び、もうひとつのポイントは「年を取れば取るほど有利になるか」です。年老いていくということは、身体的な能力が衰えていくということです。たかだか26歳のぼくですら、20代前半の頃と比べて体力や集中力が低下していることを感じます。基本的に、若い人たちの方が能力は高いのです。彼ら若い世代との差別化が生涯にわたって可能かどうかは、「死ぬまで働く」上でとても重要です。

たとえばぼくは文筆業を仕事にしていますが、これは年を取れば取るほど有利になりやすい仕事のひとつです。文章というのは、その人の人生経験や価値観の反映なので、年を取れば、書けることは変化し、増えつづけていくものです。

わかりやすい例を挙げてみましょう。ちょうど先日「社会人4年目の立場から考える、学生時代にやっておくべきこと」というテーマで文章を書いたのですが、たとえばぼくが今から11年後に、「社会人15年目の立場から考える、学生時代にやっておくべきこと」という文章を書いても、きっとそれは単なるコピーではない、別の価値がある記事になるはずです。極端な話、まったく同じ文章でも意義はあるのかもしれません。社会人4年目の語ることと、15年目の語ることは、たとえ同じ内容であっても、後者の方が一般的に説得力が増すからです。

一方で、明らかに若い人の方が優れているような性質の仕事は、「死ぬまで稼ぎつづけること」自体が困難になります。

体力面が重要な仕事、たとえば重い荷物を日々大量に配送する運送業などはそのひとつかもしれません。もし運送業を死ぬまでやろうと考えているのなら、体力の衰えを感じはじめた時点で、体を使った作業から、体をなるべく使わない、経営や教育などの仕事に力点をシフトさせていくべきでしょう。定年がなくなるこれからの時代、「年を取れば取るほど不利になる仕事」は一生の仕事として選択すべきではありません。

ぼくの場合はそもそも死ぬまで働く羽目になるフリーランスなので、「死ぬまで働く」前提でキャリアを考え、日々スキルを磨いています。現在注力している文筆業は、脳みそだけで仕事をするようなものですから、その気になれば死の直前のベッドの上ですら、自分の文章を綴りつづけることができてしまいます。変な話ですが、自分が死の直前にどんな文章を残すのか、ワクワクしていたりもします。酸いも甘いも全力で噛み締めた、含蓄のある芸術的な文章を書けるようになっていたいものです。

質問8　仕事を通して解決したい問題はありますか？

「解決したい問題」という「やりがい」を失ってしまった

本書でもっとも強調したい、この本のテーマといえるのがこの問いです。みなさんは「仕事を通して解決したい問題」をもっていますか？

ぼくがフリーランスになったのは、まさにこの問いに対して、会社員という枠組みでは納得のいく回答が用意できなかったからです。

先ほど「日本にソーシャルメディアの風を！」というブログを運営し、それがきっかけでベンチャー企業へ転職したという話を書きましたが、このブログタイトルには一抹のこだわりがあったりします。

今考えるとありえない話ですが、ぼくがブログをはじめた2009年の夏ごろは、日本ではソーシャルメディアがほとんど浸透していませんでした。

個人としてツイッターを利用するユーザーもまだまだ少なく、ましてやマーケティングにツイッターを活用している国内企業は数社でした。フェイスブックにいたってはツイッターよりも普及度が低く、「フェイスブックは外国人の友だちがいる人が使うもの（日本人ユーザーがいないので、そもそも「友だち」をつくれない）」という認識が強かったことを記憶しています。

そんな現状を見て、ぼくは暑苦しくも「こんな素晴らしいツールが、なぜ日本では普及していないんだ！」と憤りに近い感情を抱き、「日本にソーシャルメディアの風を！」というスローガンのもと、ブログを書きはじめることにしたのです。

当時、アメリカでは多くの大手企業がソーシャルメディアの活用をはじめていたため、「日本はこのままだと、国力が落ちてしまうのではないか!?」とすら考えていました。「日本にソーシャルメディアの風を」本気で吹かせたいと思っていたのです。そんな想いで書いていたブログがきっかけで転職することになったのは、先に触れた通りです。

ベンチャーに転職した直後は、心の底から仕事を楽しむことができました。まさに自分が感じた「日本にソーシャルメディアが浸透していない」という課題に対して、マーケティングコンサルタントとして、全力でタックルすることができている実感がありました。単なる妄想といわれればそれまでですが、日々、自分の仕事を通して世の中がよりよい方向に変化している感覚を味わうことができたのです。「俺がやらなきゃ、だれが日本の企業にソーシャルメディアを浸透させるんだ!?」というスポ根的なノリです。

しかし、そんな体育会系の高いモチベーションは、残念ながら半年ほどしかつづきませんでした。というのも、入社した当時に感じていた「日本にソーシャルメディアが浸透していない」という課題そのものが、半年ほど仕事をした結果、着実に改善の方向に向かっていることに気づいてしまったからです。

「一生かけてでも、この砂漠を森にしてやる!」と息巻いて植物の種を撒きはじめたら、思いのほかグングンと緑が広がり、「あれ? これ、もうほっておいても緑化していくんじゃね?」と気づいてしまったような感じといえばわかりやすいでしょうか。

ぼくたちがソーシャルメディアマーケティングのコンサルティングをはじめた当初は、国内の同業他社は片手で数えられるほどしかいなかったのを記憶しています。しかし、半年もするとワラワラとこの「金のなる木」に人が群がり、日本中に「ソーシャルメディアマーケティングコンサルタント」が出現してしまいました。

それ自体は何ら悪くないことですし、世の中にとっても望ましい流れでした。いってみれば、自分と同じ意識を持つコピーロボットが大量に世の中に現れ、ぼくの達成したかった目的に向けて活動してくれているような状態です。もう、ぼくが頑張らなくても、だれかが「ソーシャルメディアの活用支援」を日本中でやってくれるようになったのです。

しかし、世の中にとっては望ましくても、「日本にソーシャルメディアが浸透していない」という課題を解決するために会社に入ったぼくにとっては、これは厳しい状況変化です。

大企業からベンチャーに転職した直後は、月曜日が苦痛でないことに心底驚きをおぼえたものでした。日曜日の夜、サザエさんを見ても、かえって明日が待ち遠しくてワクワクするぐらいでした（本当に！）。毎日仕事に行くことも、満員電車だって辛くないという無敵状態です。が、自分のコピーロボットが大量に現れてからは、ぼくはふと、再び月曜日が苦痛になっていることに気づいてしまいました。自分がやらなくても変化していくのだとしたら、一体、「ぼくは」何のために働くのか？——この問いが頭から離れず、日々悶々と仕事をつづけていました。

問題意識を失うと、エゴが目を覚ます

月曜日が辛くなりはじめた当時のことはよく覚えています。そうなってからぼくは、「今の会社で働きつづける理由」を、自分の中に探しつづけていました。たとえていうなら、「次にのぼる山」をどこにするか、試行錯誤するような日々です。

ある時は「独立資金を貯金するために働いている」と自分を納得させようとしましたが、「別に資金を貯めるならこの会社じゃなくていいのでは？　もっと年収の高い会社に転職すれば

いいんじゃないか？　っていうか、いくら貯めたら踏ん切りつくの？　ホントに独立するなら、さっさとやるべきじゃない？　そもそも独立するって、初期投資いくら必要なの？」という第二の自分の声が聞こえてきます。うん、確かにそのとおり……。言い訳にすぎないことは、だれよりも自分がよくわかっています。

またある時は、「独立・転職に必要なスキルを磨くために、今の会社で働いている」という理由を考えましたが、これもまた「スキルを磨くなら、さっさと、もっと厳しい環境に転職なり独立なりした方がいいんじゃない？」という内なる声に一蹴されてしまい、結局納得することはできませんでした。

その他にも「家族を養うため」「人脈を広げるため」「企業経営を学ぶため」などなど、いろいろな言い訳を考えましたが、どれひとつとして「〝今の会社〟で働きつづける理由」にはなりえませんでした。「家族を養うのは違う会社でもできるよね」「人脈はむしろ転職、独立した方が広がるよね」「経営者になりたいの？　ちがうよね」などなど……内なる声は厳しかったです。

ここからわかるのは、「仕事を通して解決したい問題」がないと、かつてのぼくのように、働く理由を「お金のため」「スキルのため」といった、個人的なものに結びつけてしまいかねないということです。

もちろん、本当に転職や独立を考えて、計画的に会社に勤めているのなら問題はありません。しかし、「お金のため」「スキルのため」というお題目が、今の会社で働きつづける「言い訳」になっているようなら、それは自分の価値を落とす危険な道だと思います。

「この問題を解決したい！」という熱い情熱を抱くことができたとき、仕事というものは、「自分のため」だけでなく、「世の中のため」のものにもなります。「世の中のために働く」という、モチベーションレイヤーは「やりがい」と強く結びつく、仕事への原動力そのものです。お金やスキルなどを目的にして働く、いいかえれば「自分のため」に働くのは当たり前のことです。どうせ働くんだったら、もう一歩進んで、「世の中のために」を実感できる仕事をしましょうよ、というのがぼくの伝えたいことです。

同世代の社会人の中には、残念ながらこの社会的なモチベーションレイヤーを持つことができていない人が多数いると感じています。「何のために今の会社にいるの？」と質問すると、多くの方は「スキルを磨くため」と答えます。でも、それは巧みに自分に言い訳をしているだけじゃないでしょうか。「独立を考えている」と息巻く人にかぎって、いつまでたっても会社に居座りつづけたりするものです。

「自分の手だからこそ、世の中を変えられるんだ」という実感を得ることができないのは、仕事に人生の大半を費やす以上、もったいないことです。何もポジティブな変化を生み出せていない気がする仕事を、惰性でつづけていくのは、人生の無駄使いです。

「自分の仕事を通して世の中を変えている実感」を抱けるかどうかは、「この問題を解決したい！」と心の底から思える課題を見つけられるかどうかにかかっています。「仕事を通して解決したい問題はありますか？」という問いに対する答えを見つけるために必要なのは、自分の内面と向き合う努力だけです。学歴も年収も年齢も性別も関係ありません。どこまでも真摯に、自分に言い訳をせず、この問いに向き合いつづけることで、答えは見えてくると思います。

本書のキーワードであるこの問いについては、第二章で、さらに検討を進めていきます。第一章はまだつづきます。あと数問、厳しい問いをつづけさせてください。

質問9 「会社が目指すこと」と「自分が目指すこと」は一致していますか？

自分がやりたいことは、会社ではできないと気づいた

ベンチャーに転職して約半年、「ソーシャルメディアを普及させたい」というモチベーションが消えゆく中で、ぼくは迷いつづけていました。今の会社に勤めつづける理由はなんなのだろう？と。

悶々と思考を深める中で、あるとき「会社が目指すこと」と「自分が目指すこと」という軸で、自分を取り巻く状況を整理してみようと考えました。

会社が目指すことは何かと問われれば、それは非常にシンプルで、「高い利益を出すこと」です。ぼくが勤めていた会社は上場企業の子会社だったため、株式市場の圧力もあり、最大限のスピードで成長していくことが強く望まれていました。上場企業である以上、停滞することは許されず、事業規模を拡大していくというのは、当然の前提でした。経営陣はもちろん、社

員の方々もそれを当然のことだと信じていたと思います。

利益を出すこと、事業を拡大することを前提にするのは特殊なことではなく、会社という体裁を取る以上、ほとんどの組織に通じる目標だと思います。みなさんの会社の経営陣が、「うちは事業を大きくしないし、利益もこのままでいい」と宣言しているのなら、それは相当珍しい会社です。転職したり、辞めてしまうのはもったいないぐらいの会社かもしれません。

ぼく個人としては、「どうしてほとんどすべての会社が経済的な成長を目指すのだろう、苦しい思いをするぐらいなら、持続可能な最低限ラインの収益さえ確保すれば十分じゃないか」と甚だ疑問に思っているのですが、残念ながら一般社会はそのように考えていないようです。

と、話がすこしそれてしまいました、本節の主題である「会社が目指すこと」「自分が目指すこと」について考えてみましょう。

今まさに「会社が目指すことは利益だ」と書きましたが、本来、会社は「利益のため」だけに存在しているわけではありません。たとえば、ぼくが在籍していたベンチャー企業は社員を大切にする意識が強かったので、「会社が目指すこと」の中には「社員を幸せにする」というゴールが含まれていました。

また、特にソーシャルメディア活用のコンサルティング事業をはじめた際には、「ソーシャルメディアを健全に普及させる」というゴールも、会社の存在意義として刻印されていたこと

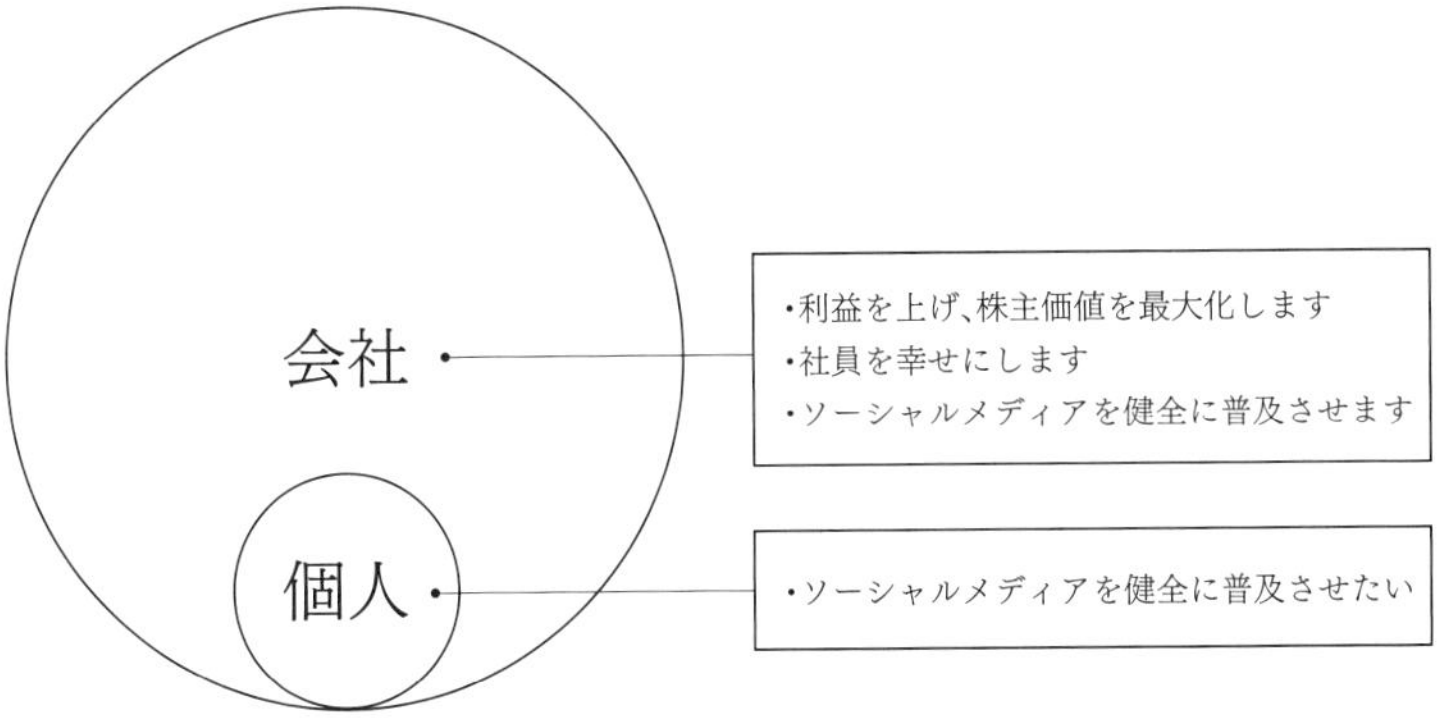
会社
・利益を上げ、株主価値を最大化します
・社員を幸せにします
・ソーシャルメディアを健全に普及させます
個人
・ソーシャルメディアを健全に普及させたい

ベンチャー企業勤務時代のモチベーションレイヤー

を記憶しています。話をわかりやすくするために単純化していますが、ぼくが在籍していた会社では「利益を上げること」「社員を幸せにすること」「ソーシャルメディアを健全に普及させること」が「会社が目指すこと」だったわけですね。

ではぼく自身の目指すことは何だったかというと、前述のとおり「ソーシャルメディアを普及させたい」というゴールを個人的に抱いていました。このゴールは「会社が目指すこと」と重なるもので、会社のビジョンに共感している状態といえます。図示すれば上の図のようになるでしょう。ちょうど、「会社が目指すこと」の中に「個人が目指すこと」がきれいに包含されている状態です。

しかしながら、ソーシャルメディアコンサルティング業界がもりあがるにつれて、ぼくは「ソーシャルメディアを普及させたい」というゴールを胸の内に持ちつづけることができなくなってしまいました。「自分が目指すことがわからないまま、会社の目指すことになんとなくついていっている」という状態に陥ってしまったのです。

会社に行けば仕事もあるし、クライアントも同僚も自分を必要としてくれている。仕事がつまらないかと問われれば、決してそんなことはない。しかし、心の底からこの仕事がやりたいかと問われれば、そうでもない。でも、本当にやりたいことがわからない、という苦しい時期でした。

ぼくの場合は数ヵ月ほど悩みつづけた結果、心の底から「自分にしかできない、自分がやるべきだ」と納得できる仕事を見つけ出すことができました。それが今現在、時間の大半を割いて行っている「ブログの運営」と「NPO（非営利組織）のソーシャルメディア活用支援」です（この発見にいたった経緯については、第二章で詳細にお話ししたいと思います）。

しかしながら、ようやく見つかったぼくが「心の底からやりたいと思える仕事」は、残念ながら「会社の目指すこと」と奇麗に合致しませんでした。

まず、ぼくが心の底からやりたいと思った「ブログの運営」は、会社ではなく個人でやればいい話です。ぼくの個人ブログはしばしば会社の営業にもつながっていましたが、それでもブログというものは個人的なものなので、会社の時間を使って運営するのは妙な話です。社長からは「（会社のPRにつながるので）仕事中にブログは更新していいよ」といわれていましたが、かくいうぼく自身も業務時間中にブログを書くことに対して、どこか違和感を抱きつづけていました。たとえていうなら、業務時間に趣味の釣りをやって、お金をもらうような感覚です。社長がOKを出してくれていても、ちょっと本人としては微妙な心持ちでしょう。

また、会社に勤めているとどうしても書けることが制限されてしまうので、個人でやりたいという欲求もありました。会社から「これは書くな」といわれていたわけではありませんが、やはり企業秘密を扱う仕事なので、情報の公開には慎重にならざるをえません。さらに、ぼくはナチュラルに炎上するようなことを書いてしまうので、まかりまちがって会社に迷惑をかけやしないかも、常に気にかかっていました。イケダハヤトが炎上することで、見方によっては会社が炎上しているように見えてしまうのです。

ぼくが心底取り組みたかったもうひとつの仕事、「NPOのソーシャルメディア活用支援」もまた、会社の枠組みでは収まりが悪いテーマでした。

まず、「NPOのソーシャルメディア活用支援」をビジネスとしてみたとき、これは残念ながら成立しません。というのも、日本のNPOは財政的に厳しい組織が多いので、ソーシャルメディアの活用コンサルティングに金銭的な対価を支払うことが困難なのです。NPOにも「ソーシャルメディアを活用したい」という強烈なニーズがあるのですが、彼らはお金を払うことが難しいので、コンサルティング会社が相手にできないんですね。

お金にならないのなら、いわゆる「CSR（企業の社会的責任）」活動として取り組むのもありじゃないか、と思われるかもしれません。

もちろんその可能性もあるのですが、売上が伴わない活動に業務時間の大半を割けるほど、会社は甘くはないとぼくは感じてしまいました（ここら辺はぼくが努力もせずに諦めてしまったといえば、そのとおりです）。どうせやるなら業務時間の10％とかではなく、ニーズのあるかぎり本気で取り組みたかったのです。

さらにいえば、「NPOの支援」にしたって、あえて会社という枠組みでやるべきテーマとも思えませんでした。会社のなかでは、どうしても利益の追求が求められます。そういう組織のなかでたいして金にならないことをやるのは、やっぱり難しいとぼくは思うのです。どうせやるのなら、会社の中でやるよりも、課題解決を主眼とした非営利組織を設立して取り組んだほうがやりやすいとぼくは判断しました（現在は「テントセン tentosen.org」という任意団体を設立して、仲間と一緒に課題解決に取り組んでいます）。

以上のように、ぼくが見つけた「心の底からやりたいこと」は、残念ながら会社という枠組みにはうまく収まりませんでした。いいかえれば、「自分が目指すこと」をこの会社で実現するのは難しいと感じたので、ぼくは会社を辞めて、フリーランスになったのです。

ズレていくのは健全なこと

先ほどの図で説明すれば、ぼく自身の問題意識の変化によって、最初は合致していた「会社が目指すこと」と「個人が目指すこと」が、ズレていってしまったと表現できるでしょう。会社は何も変わっていませんが、ぼくが一方的にズレていってしまったわけですね。

短期間での転職をよしとしない日本的価値観だと、こういうズレは「わがまま」として断罪されるものなのかもしれません。これをお読みのみなさんのなかにも、働く中で会社のゴールと自分のゴールがズレてしまった自分を、「わがまま」だと思っている方がいるかもしれません。

でも、この「ズレ」はごく健全なことです。自分が成長するにつれて、外部の環境が変わるにつれて、「個人が目指すこと」は少しずつ変化していくものです。その会社を創業したメンバーでもないかぎり、会社のゴールと自分のゴールが生涯一致しつづけることは、そうそうないでしょう。

イメージ的には音楽バンドのような関わり方でしょうか。一生そのバンドに添い遂げる人も多いですが、人によっては、違う音楽を奏でたくなって、ソロミュージシャンになったり、違うバンドに移ったりすることもありますよね。会社で働くというのも、これにとても近いとぼくは思うのです。少なくとも、自分をしっかり持っているからこそ、会社と自分のゴールがズ

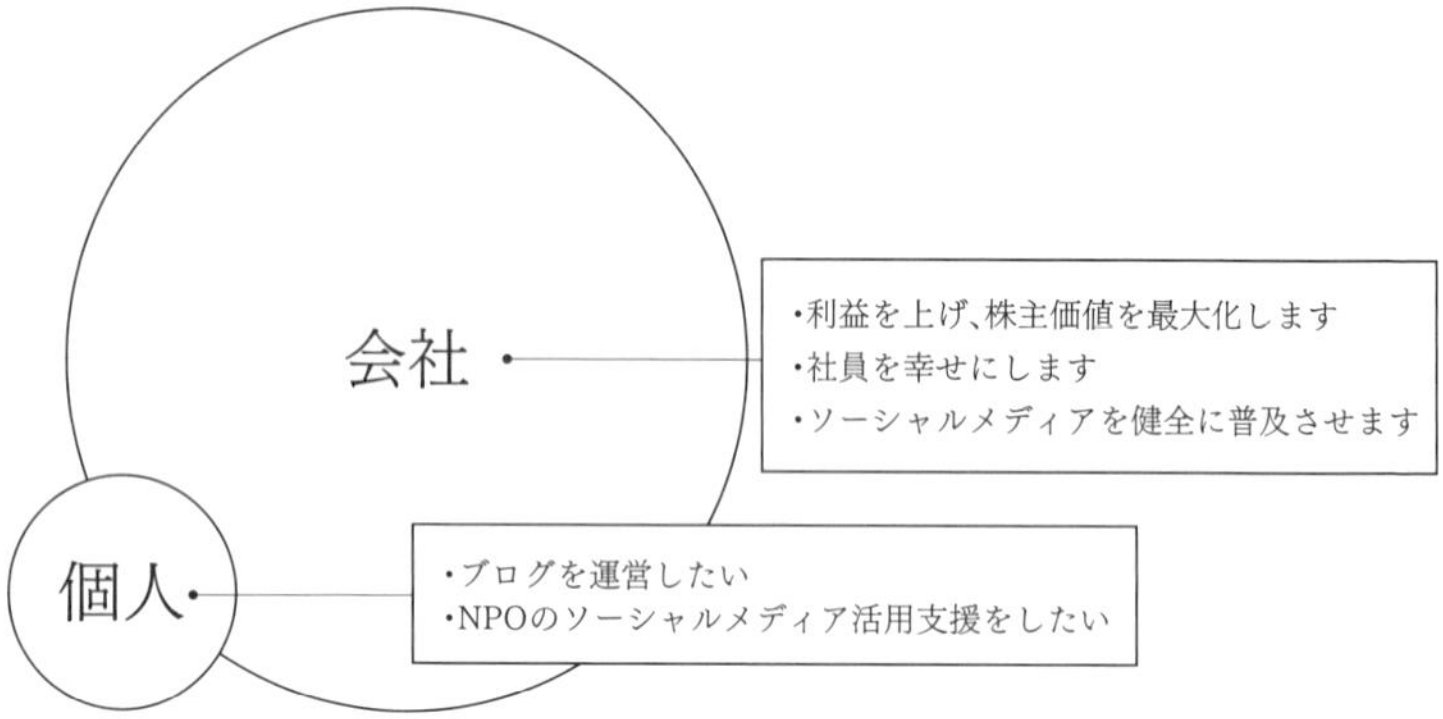
会社
・利益を上げ、株主価値を最大化します
・社員を幸せにします
・ソーシャルメディアを健全に普及させます
個人
・ブログを運営したい
・NPOのソーシャルメディア活用支援をしたい

会社と自分で目指すものがズレてきた

レていくのであって、そのことを「わがまま」だと恥じることも、他人から糾弾されることもありません。

みなさんは、個人として掲げるゴールと、会社が掲げるゴールはどの程度一致していますか？

もちろん、働く上では多少のズレは出てくるものです。完ぺきに一致させることを目指せというつもりは毛頭ありません。ただ、会社と自分のゴールがまったく重なっていない場合は、異動や転職、独立など、働く環境を変えることを検討するべきです。そのまま我慢して働きつづけると、みなさんは何らかの理由をつけて自分を守ろうとする、行動力のない人材になってしまうかもしれません。そもそも、ゴールがズレている状態では、働くことは幸せではないはずです。

たとえば「日本の教育を変えたい！」と考えてい

る方が、「日本のレストランを変えたい」と考えている企業に入社しても、得るものは多少あったとしても、幸せに働くことは難しいでしょう。労働環境、職場の人間関係がどれだけよくても、心の中に「自分が本当にやりたいことはこれではない」というわだかまりを抱えつづけることになります。ここで思い切って環境を変えないと、常に自分を騙しつづけ、会社に自分を同化させつづけるような働き方になってしまいます。

また、会社によってはそもそも「目指すこと（ゴール）」自体が曖昧な企業も、残念ながら存在します。ゴールがあったとしても、「利益のため」しかなかったり。どんな企業もいわゆる「ミッションステートメント」を掲げているものですが、残念ながら多くの場合、社員のみならず、経営陣にもそのミッションは浸透していません(みなさんは、自分が勤める会社のミッションをそらんじられますか？　共感していますか？)。

いわずもがな「利益のため」だけに存在している企業で働くのは、ぼくにとっては苦痛でしかありません。いわゆる「ブラック企業」はこれにあたるのかもしれません。

ブロガーという仕事柄、取材やコンサルティングを通して、さまざまな会社を見てきました。お邪魔する会社の数は、年間１００社ほどにのぼっています。

そんなぼくの目をとおして見るに、「社員がやりがいを感じている企業」というのは、まず「会社が目指すこと」が明確であり、さらに「個人が目指すこと」との合致度も高いという共通点があります。

いいかえれば、会社が目指すことが曖昧だったり、個人が目指すことと激しくズレていたりすると、そこで働く人は働くモチベーションを「お金のため」「スキルのため」にしか設定することができません。そんな会社では、社員は自分のためにしか働かないので、経営状態が悪くなれば、優秀な人から先に会社を辞めていってしまいます。結果的に残るのは、「お金さえもらえればいい」と考えている、仕事に特段のやりがいを感じていない人たち、感じることを諦めてしまった人たちです。多くの社員が「お金さえもらえればいい」と考えている会社に勤めつづけるのは、すばらしいロールモデルを知ることができないという意味で、自分の前途を自ら閉ざしてしまうような選択といえるでしょう。

質問10 人生のプライオリティは明確ですか？

忙殺される中、何が本当に大切かを考えなかった

「会社が目指すこと」と「個人が目指すこと」のズレに耐えきれなくなったぼくは、201 1年4月、社会人3年目の年に、会社を辞めてフリーランスとなりました。先に述べたように、ぼくが仕事として取り組みたかった「NPOの支援」「ブログの運営」は、「会社」という枠組みではうまく収まらないものだったのです。

フリーランスになろうと決断したきっかけのひとつは、ぼく自身が、日々を無思考・無批判に過ごし、「人生のプライオリティ」を考えることから逃げていた、ということに気づいたことです。

つまり、会社を辞めようと本格的に考えるまで、ぼくは「自分の人生において何が一番大切なのか」を、まじめに考えたことがなかったのです。さらにいえば、多くの日本人、きっとこ

れをお読みのみなさんも、「自分の人生において何が一番大切なのか」について、本気で気にかけていないのではないでしょうか。

「自分の人生において何が一番大切なのか」は、人それぞれ違いますし、たくさんの選択肢があってしかるべきです。一般的なものを並べるとしたら、「家族」「趣味（遊び）」「会社」「仕事」といったところでしょうか。

会社を経営している人は、「会社」が、「家族」や「趣味」を上回る、何より重要な存在かもしれません。ぼくのまわりにいる、特に独身の経営者には、まさに仕事人間と呼ぶべき友人もいます。仕事人間というとネガティブなイメージがありますが、本人が楽しんでおり、その働きかたに納得しているのなら、なんら悪いことではないと思います。実際にぼくの友人たちは「仕事」を何よりの楽しみとして、波乱万丈の日々をエキサイティングに過ごしています。

ビジネスパーソンの中には、「仕事」よりも「趣味」のプライオリティが高い人もいるでしょう。極端にいえば、会社に行くのはあくまで趣味に使うためのお金を稼ぐため、というタイプです。仕事を重視しないというと、やはりネガティブな印象がありますが、本気で打ち込める趣味を持つことは、むしろ素敵なことだと思います。

または、「会社」にはこだわりがないけれど、「仕事」は大好きというビジネスパーソンもいらっしゃるでしょう。このタイプは、外資系金融や、ベンチャー企業に勤める方に多い気がします。ひとつの会社に強くこだわるわけではなく、より成長できる環境、よりワクワクできる環境を求めて、職業を転々とするタイプです。ぼくの友人にもこれまたこのタイプがたくさんいますが、自分を高めようと日々邁進する、とても素敵な人たちです。

このように、ひとりの人間が人生のなかで何を大切にするかは人それぞれで、答えはありません。ではぼく自身はどうだったかというと、いろいろと思い悩んだ結果、今の時点では「家族」がいちばん大切だと判断しました。「仕事」も好きですが、これはあくまで二の次です。さらにいえば、「会社」のプライオリティは最下位でした。

仕事は「必要悪」にすぎない

ぼくにとっては仕事や会社はあくまで人生のおまけみたいなものなのです。家族とのんびり幸せに暮らすことさえできれば、それで十分ハッピーです。いちばん避けたいのは、仕事や会社のために家族を犠牲にするということです。ぼくにとって、極論すれば働くことは「必要悪」に過ぎません。

会社員でいた時期は、「家族がいちばん」というプライオリティが崩されてしまうことが、特に辛かったことを覚えています。

経営者タイプ	バリバリキャリアタイプ	趣味人タイプ	家族愛タイプ
会社	仕事	趣味	家族
家族	家族	家族	仕事
趣味	趣味	仕事	趣味

人生のプライオリティは人によって違う

「そんなの当たり前だ！」と会社人間の皆々様からは怒られてしまいそうですが、妻の体調が悪いときですら、会社に行かなくてはならないことに、ぼくは非常な不条理を感じていました。なんで大切な家族が体調を崩しているのに、ぼくは会社なんぞに行かなくてはならないのでしょう？　万が一、まかりまちがって、家の中で意識を失って倒れてしまったら、いったいだれがどう責任を取ってくれるのでしょう？　会社ってそんなに大切なものなのでしょうか？……という感じで本当は付き添って看病をしながら在宅で働きたいのに、会社とぼくの中の常識は、それを許しませんでした。

　仕事は必要悪と書きましたが、どうせやるなら楽しく取り組めるものが理想です。ましてやぼくら世代は死ぬまで働くことになるでしょう。そんなわけで、ぼくはほとんど「趣味」に近い文筆業を、仕事にすることにしました。最近は自分の好きなことしかしていないので、ほとんど遊びと仕事の境目がわかりません（なので、最近は「活動」と呼ぶようにしています）。

話をわかりやすくするためにいくつかのタイプを書いてみましたが、これ以外にもさまざまなタイプがありえるでしょう。各要素が同じ程度の重要度という場合もあるでしょう。確固たる正解はなく、生い立ちや、人生のフェーズによっても選択は変わってくるでしょう。ぼくの場合は実父がバリバリの経営者だったため、反動的に家族を大切にしたくなっているのかもしれません。

今となってはかなりクリアに「家族が第一です」と語れるようになりましたが、会社員をしていた時期は、まったくこのプライオリティが整理されていませんでした。みなさんはいかがでしょうか。

ぼくは、何が自分にとって大切なのかに気づいていないまま、日々を忙殺されていました。会社を辞めようと考えたときにはじめて、ぼくは自分が「仕事は必要悪にすぎない」と捉えていることに気づき、フリーランスになる決断をすることができました。

みなさんは人生において、いったい何を大切にしたいのでしょう？　家族、趣味、仕事、その答えは人それぞれですが、自分なりの納得できる答えを持つべきだとぼくは考えます。本当に大切なものに気づかないまま、盲目的に働きつづけるのは苦痛です。ぜひ一度立ち止まって、人生のプライオリティについて考えてみてください。自分の中に明確な行動基準が生まれ、強い一歩を踏み出せるようになるはずです。

第一章のまとめ

ぼくたちは厳しい時代を生きることになります。人口は急激に減っていきます。経済は停滞するか、右肩下がりになるでしょう。我慢して勤めていれば年収が上がるなんてこともなくなりますし、企業年金も、公的年金も頼りにならないでしょう。よほどの資産家でもないかぎり、「死ぬまで低年収で働く」覚悟が求められるはずです。死ぬまでつづけてもいいと思えるような仕事を、なるべく早く見つけましょう。

給料というシステムに慣れきってしまうと、外の世界を生き抜くための力が衰えがちです。その気になれば、いつでもオアシスの外に出て、自活できるだけのスキルとネットワークを持ちましょう。そのためにまず必要なのは、ブログなどを通して意思表明し、自分のことを世界に知ってもらう努力です。

会社に過度に縛られる必要はありません。日々の激務で心身を壊しかけているのなら、一度立ち止まって自分のキャリア、人生について考えてみてください。仕事ごときで人生をダメにするのはナンセンスです。「会社を辞める」という逃げ道を、心の隅に意識しながら働きましょう。

これからのワークスタイルにテッパンはありません。盲目的に会社に勤めつづけるのはやめましょう。素敵だと思うロールモデルを見つけ、その働き方、仕事の姿勢をコピー、アレンジしていきましょう。

もっとも重要なことは、問題意識をもって働くことです。問題意識はもっとも重要なモチベーションの源泉です。問題意識に根ざした仕事ができれば、やりがいを感じながら働くことができるでしょう。もし会社と自分のゴールがズレているようなら、それは環境を変えるタイミングかもしれません。自分を偽らなくてもよい、素直に働ける環境を模索しはじめましょう。

Think 21
就職しないで生きるには
New work style in the 21st century society

第二章
問題意識という
コンパスを持とう

第二章では、本書の最大のテーマである「問題意識」について考えていきたいと思います。問題意識を持つことは、いきいきと働く上で非常に重要なことだとぼくは考えています。「これからの時代の働き方」があるとするのなら、それは「問題意識をもって働くこと」です。逆にいえば、問題意識のかけらも抱かず、会社から言われたことを唯々諾々とこなしつづけるのは、20世紀的、昭和的な働き方だということです。

日本のNPOはソーシャルメディアを使えていない！

再び、個人的なストーリーを交えて話させてください。

就職をしてはじめて気づいたことなのですが、ぼくは性格的に「自分にしかできない、オリジナリティのある仕事」を求めてしまうようです。振り返ってみれば、昔から「人とは違う」ということに意義を見いだして生きてきました。他のだれかでも問題なくできることを、なぜ他でもない自分がやらなきゃいけないのか、どうしても納得できないのです。

極論、こういう性格の人間は会社組織には不適合なのかもしれません。

多くの会社では「人とは違う」ことは基本的に歓迎されません。つまり、ある仕事があったときに、「ぼくがいないと仕事が回らない」という状態は、会社にとっては望ましくないことなのです。

「この人がいないとダメ」という状況をなくしていくことは、会社全体の利益を考えればなんら間違ってはいません。が、ぼくのように「自分にしかできない」仕事を求める人間には、会社がもつ平準化圧力は、精神的な苦痛の原因にもなります。

ぼくは、自分がパイオニアとして道を開き、自分と同じように仕事ができる人を増やすことは楽しめるのですが、逆に、自分が周囲の人と同じ仕事をできるようにトレーニングさせられるのは、とても嫌なのです。極端にいえば、上司から「お前はあと10年で俺と同じくらいの仕事ができるようになる」なんていわれた日には、けっこう絶望的な気分になります。それ、ぼくじゃなくてもいいじゃないですか、と。みなさんはどうでしょうか?

一般的に会社組織というのは「代替可能な人材」を育てる宿命にあるのです。だれかが長期間休んだ場合でも、仕事が回りつづけるように、会社は「駒」を用意しておこうとします。組織のつくりかた次第ではありますが、よほど割り切らないと、どうしても人材に代替可能性を求める方向に流れていってしまいます。

こういう考えのぼくは、会社に染まることもできず、宝探しのように「自分がやる意義を感じられる仕事」を求めつづけることになりました。サラリーマン生活から苦節2年、第一章で言及したように、ぼくは「NPO支援」と「ブログ運営」というふたつの仕事にたどり着きました。ここにいたる経緯を共有させてください。

「ＮＰＯ支援」なんていうといかにもボランティア意識が高そうな感じを抱かれそうですが、社会人になるまで、ぼくはまったく社会貢献意識のない若者でした。ボランティアとかちょっとキモいと思っていましたし、ＮＰＯとかちょっとうさんくさいとも思っていました。

そんな人間がボランティア活動にのめりこんでいるから、人生は不思議なものです。活動をはじめるきっかけになったのは、大企業時代に、リサーチ業務の中で触れた海外のニュースメディアの存在です。

２００９年当時、アメリカは企業のソーシャルメディア活用が盛り上がっていると同時に、ＮＰＯのソーシャルメディア活用もかなり進んでいました。ツイッターなどを活用したキャンペーンの事例を見ると、むしろ企業よりもＮＰＯの方が高いパフォーマンスを上げている例があるほどでした。

興味が芽生え、「ＮＰＯとソーシャルメディア」について言及した海外の記事を探してみると、「ソーシャルメディアとグッドな行為は相性がいい。ＮＰＯが使うことで、寄付や支援者を集められる」なんて言葉が目に入ってきました。

「これは新しい視点だ！」と感銘を受けたぼくは、仕事中であることを無視して、日本のＮＰＯの現状を調べてみることにしました。「ＮＰＯ 日本」で検索し、国内では有名どころとされているらしい団体のウェブサイトを見ると……ツイッターのツの字どころか、そもそもウェブサイト自体が大昔のデザインでした。日本のNPO業界は、ソーシャルメディア活用以前に、インターネット自体をまだうまく活用できていないようでした。

ひょんなことから現実を知ってしまったぼくは、それ以来「日本のNPOも、もっとソーシャルメディアを使うべきだよなぁ」となんとなく思いつづけることになりました。

とはいえ、もともとボランティア意識は希薄な人間です。NPO業界に知り合いがいるわけでもありません。頭の片隅で気になってはいつつも、何の行動も取ることができず、せいぜい自分のブログに、海外のNPOのソーシャルメディア活用事例を紹介したり、ツイッターでNPO関係の人をフォローする程度でした。

「プロボノ」との出会い

そんなある日、ツイッターでフォローしていたNPO関係の人が、「プロボノ」という言葉を発しているのをたまたま見かけました。

「プロボノ？　イタリア料理の名前みたいだな……？」と思い検索してみると、どうやら「専門家としてのスキルを使ったボランティア」のことを、「プロボノ」と呼ぶことがわかりました。

一般的にボランティアというと、たとえばＤＭの発送業務や災害地での泥かきなど、肉体労働的なイメージが強いですが、「プロボノ」はマーケティングや法務、税務などの知識労働を無償で手伝う、いわば「頭脳派」のボランティアを指すようです。

ぼくは仕事柄、マーケティング、特にソーシャルメディアを活用したマーケティングについては、それなりの専門性を持っていました。「この専門性を使えば、日本のＮＰＯに貢献できるんじゃないか？」と思い立ち、さっそく「ＮＰＯの方々向けにソーシャルメディア活用のプロボノやります。もしツイッターの導入などでお困りの方がいらっしゃったら、お気軽にご連絡ください」とツイッターやブログで宣伝をはじめました。思えば、これがぼくが最初に「旗を立てた」瞬間でした。

運がいいことに、そんなぼくのツイートは、さっそく「プロボノ」を長らく行っているマーケターの渡邉文隆さんの目にとまりました。何度かメッセージをやりとりしたのち、彼が「エイズ孤児支援ＮＧＯ／ＰＬＡＳ」という団体を紹介してくれました。ＰＬＡＳはちょうど組織的にツイッターを活用しようと考えていたタイミングで、専門家のアドバイスを欲していたのです。

軽い気持ちではじめた「プロボノ」活動ですが、このＰＬＡＳとの出会いを発端に、ぼくのキャリアの方向性は、ガラッと変わっていくことになります。ツイッターでのひとことが人生を変えるとは、なんとも今っぽい話です。

仕事の100倍楽しい「プロボノ」

2009年の末からほぼ3年、ぼくはプロボノ活動をつづけています。関与する団体の数は増え、2012年度は延べ70団体以上にソーシャルメディアの活用アドバイスを提供しました。2013年は育休のため活動は縮小しますが、時間の許すかぎりプロボノはつづけていきたいと考えています。

プロボノは無償の行為であるため、いくら時間を割いてもお金にはなりません。が、これはキレイゴトでもなんでもなく、ぼくは本心から、プロボノになるべく時間を割きたいと考えています。その理由は最高にシンプルで、プロボノは心の底から楽しい活動だから、なのです。ぶっちゃけると、NPOに無償のアドバイスを提供することは、仕事の100倍楽しい活動でした。

2009年の12月に関わりはじめたPLASでは、ソーシャルメディアの団体内研修にはじまり、毎月継続的に活用アドバイスを提供していきました。ベンチャー企業へ転職したのちもプロボノはつづけており、2010年6月には学生スタッフとともにツイッターキャンペーン「1 tweet, 1 SMILE」の企画を行いました。

「1 tweet, 1 SMILE」は、アフリカでは毎日6000人の子どもが親を失っているという、「エイズ孤児問題」の啓発を狙ったキャンペーンです。仕組みは簡単で、団体の代表の門田瑠衣子さんが発信するツイートを、「リツイート支援」という形で、自分のフォロワーに回覧することを呼びかける形を取りました。ツイッター上で大規模なメッセージのバケツリレーを行ったようなイメージです。

「1 tweet, 1 SMILE」キャンペーンは当時黎明期にあったツイッター上では大成功を果たし、予算ゼロで6500回以上のハッシュタグ付きツイートを発生させることができました。ツイートが届けられた人数の総計は、延べ600万人以上にも及びました。もっとも、このうち実際にツイートが読まれたのは数%だと思われますが、それでも数万~数十万人に「エイズ孤児支援」という超ニッチな団体の情報がとどいたのは、従来のメディアでは考えられない大きな成果です。

肌感覚として、企業のマーケティングキャンペーンで、6500回のツイートを発生させるためには、500~1000万円程度の予算がかかります。そんな成果を、彼らは予算ゼロで達成してしまったのです。

ありえない成果の秘訣は、NPOが持つ「共感性」です。社会的課題の解決に関与する非営利組織は、人の共感・応援を集める力を持っています。たとえば「日本の自殺を減らすための活動をしています」と語る人たちを見て、みなさんはきっと「それは価値がある活動だ」と感じるでしょう。もしその団体が「このツイートをRTしてくれるだけで、問題解決に一歩近づきます」とみなさんにお願いをしたら、多くの方は「失うものはないし、ツイートぐらいなら全然いいよ」と協力することでしょう。身近な方を自殺で亡くしているなど、この問題に対して特に解決の必要性を感じている方なら、ツイートに留まらず、ボランティアや寄付といった関与を行うかもしれません。

この、人を巻き込む力は、社会的な課題を解決しようとする非営利組織ならではのもので、単に利益を追い求めている企業には真似できないものです。「このツイートをRTしてくれれば、うちの会社の売上が上がります」とお願いされて協力する人は、よほどのお人好しか、商品が大好きな人か、その企業関係者ぐらいのものです。そもそも、そんなお願いを露骨にすれば、企業のイメージは悪化してしまうでしょう。「社会のため」を100％の自信を持って語れる非営利組織は、共感や応援といったパワーを享受することができるのです。

そのことに気づいたぼくは、NPOの支援に魅力を感じるようになっていきました。ソーシャルメディアという道具は、まさに非営利組織のためにあるのではないか、とすら考えていました。

一方で、ビジネスとして行っていた企業のマーケティング支援は、エキサイティングでスキルも身につきますが、「世の中のためになっている感じ」を、心の底からは抱くことができませんでした。あくまでお客様と会社からお金をいただいているから、淡々と効率的にこなしていく、という冷静な態度に落ち着いてしまいました。

加えて、第一章で述べた通り、入社した理由でもあった「日本企業にソーシャルメディアを浸透させたい」というミッションも、市場環境の変化によって消えかけていたので、ぼくの心はますますＮＰＯ支援に引き寄せられていきました。

心変わりは早いもので、ベンチャーに入社した半年後には、「日本企業はぼくが頑張らないでも浸透していくし、ぼくがやるべきことはＮＰＯへの普及促進なんだろうな……」と感じながら、毎日通勤電車に乗るような日々を過ごしていました。

ブログの持つ「影響力の魔法」

会社に勤めながらも、ぼくはほぼ毎日ブログを更新していました。海外のソーシャルメディア関連ニュースの翻訳を中心に、デジタルマーケティングについて思うことや、日本の素敵なＮＰＯの活動事例、同世代の起業家によるウェブサービスの紹介などを、業務の合間に淡々と更新しつづけていました。

ブログもまた、ぼくにとっては非常に楽しく、かつ社会的な意義を感じさせてくれる仕事でした。

当時の読者数は10万人ほどでしたが、このくらいの規模でも、日々「魔法」のようなできごとが起こることに、自分でも驚いていました。あるときは、国内のウェブサービスの紹介をしたところ、ぼくの記事経由で数百人の新規登録者がそのサービスへ流入する、といったこともありました。またあるときは、ぼくが素晴らしいと感じるNPOの紹介をしたところ、ブログを見た人が、その団体にボランティアとして参加するといったこともありました。

他にも、ぼくのブログを見て転職することを決めた人、ベンチャーキャピタルから「投資を受けないか？」という相談が来た起業家、お世辞とはいえ「イケダさんのブログのお陰で商品が売れはじめた」といってくれる人などなど、ぼくのブログが「きっかけ」となり、人生が少なからず好転したとおっしゃってくれる人に、数多く出会うことができました。

書くことができる人は少ない

ブログを更新しつづけていて強く感じたのは、実は「書く」という普遍的な行為は、一般的には意外なほどハードルが高いということです。ぼくは中学生時代からウェブサイトを運営しており、書くことは日常の中にとけ込んでいました。が、どうやら一般的には、継続して文章を書きつづけるのは難しいことらしい、ということに気づきました。実際、ブログを「継続的に」運営できる個人は、本当に一握りです。多くの人は三日坊主に終わるか、つづいても1年ほどだったりします。

2009年末から2010年にかけて、ソーシャルメディアに関するブログは国内に数多くありましたが、その中でもぼくのブログは、トップクラスの更新量とクオリティを保っていた自負があります。その証左になるかはわかりませんが、ブログを運営して1年ほど経った頃には、講談社が運営する「現代ビジネス」での連載が決まり、同じく講談社から「フェイスブック」をテーマに単著を執筆することにもなりました。

ぼくにとって「書くこと」は、生活そのものです。変な話、ご飯を食べたらウンコをする、そういうレベルでぼくは文章を書いています。何か面白いものを見つけたとき、何か刺激を受けたとき、文章でそれを表現しないと、自分の中に毒素が溜まっていくような感覚を覚えるのです。書くことは「好き」を超えて、ぼくにとって「日常」なのです。

市場環境を見てみると、日常的に行っていたそんな「書く」という行為は、実は他の人には真似しにくい「職能」であることがわかりました。

当初は趣味として運営していたブログでしたが、意外なほど人から喜ばれ、多くの人が真似できないものだと気づき、ぼくは「ブログ運営」を仕事にしていきたい願望に駆られました。

世の中にはブログだけでメシを食う「プロブロガー」という人たちが存在することも知っていたので、「ブログ運営で生活費を稼ぎつつ、NPOの支援をプロボノとして行うプロブロガー」といったポジションこそが、ぼくが狙うべきものなのかな、と妄想が広がっていきました。

NPO支援とブログ運営をはじめるが、幸せになれなかった

かくしてぼくは2011年4月にフリーランスとなり、自分がやりたかった「NPO支援」「ブログ運営」を仕事にすることにしました。とはいえ、このふたつだけでは到底お金は稼げないので、企業へのコンサルティングや、講演、書籍執筆といった仕事も並走してつづけるつもりでした。

しばしば、「社会人3年目で独立するのは、けっこう大変だったんじゃない？」と聞かれるのですが、ぼくの場合は、

- 社会人生活2年間で蓄えた貯金があった（確か200万円くらい貯まっていたはず）
- 既に結婚しており、夫婦正社員の共働き（ダブルインカム）だった
- 独立直前に単著を講談社から出版しており、60万円ほどの印税収入を見込んでいた

・副業OKのベンチャーだったため、在職中にも講演や連載などで一定の収入を得ていた

といった背景があったりします。

幸いいろいろな方が応援してくれたため、独立した直後も、講演やコンサルティングの仕事で収入を得ることができました。結局、独立した2011年度は600万円ほどの売上となり、年収もサラリーマン時代より上がりました。

やりたかったNPO支援も、月によっては業務時間の半分ほどを割き、十分に関与できるようになりました。ブログの更新ペースも上げることができ、読者数は月間15万人程度まで成長しました。

なんて順風満帆なんでしょう！　独立してよかった！　いやー、人生ってちょろい！……と、言いたいところですが、不思議なことに、ぼくはフリーランスになって幸せになった一方、どこか自分の生き方に納得感を持つことができていませんでした。

晴れて独立して、やりたかったことを思う存分できているはずなのに、自分の軸が不在で、求められるがまま、周囲に流されているような感覚を抱いていたのです。

大海原に船出したはいいけれど、一体自分がどこに行こうとしているのか、行き先に自信が持てない。とりあえずいろいろな人が声をかけてくれるので、呼ばれるままに島まで行くので

すが、じゃあ自分がどこの大陸を目指しているのかというと、答えられない……という感じです。

シュアールグループに見る「問題意識」という人生のコンパス

今になって思いますが、それは「問題意識」が欠如していたことが原因でした。ぼくは近視眼的に自分の「やりたいこと」にフォーカスするあまり、「なぜそれをやりたいのか？」という基本的な問いを無視してしまっていました。言い換えれば、第一章で検討した「仕事を通して解決したい問題はあるか？」という8つ目の問いに対して、明確な答えを持てていなかったのです。

このあたりの話はわかりにくいので、少し丁寧に話させてください。

ぼくは「NPO支援」と「ブログ運営」という個別具体的なこと（What）にモチベーションは持てていましたが、その原動力となっているはずの、「なぜそれをやりたいのか？（Why）」に触れることができていませんでした。

仕事柄、多くのビジネスパーソンや起業家に出会いますが、強い求心力を持つ、魅力的な人材はえてして強力な問題意識、「Why」を持っているものです。極端な例では、「なぜやるのか」の方が重要で、「何をやるのか」は時と場合によって変わる、というケースすら見受けられます。

テルテルコンシェルジュ

シュアール

たとえば1987年生まれの起業家、大木洵《じゅん》人《と》さんはぼくに強烈な刺激を与えてくれた人物のひとりです。彼は「手話とテクノロジー」を切り口にしたビジネスを展開する起業家で、東アジア初の「アショカフェロー（米国「アショカ財団」が認める起業家集団。ウィキペディア創業者のジミー・ウェルズなども認定）」に選出されるなど、既に世界的な評価も得ています。

彼が率いる「シュアールグループ（shur.jp）」の事業は実にエキサイティングです。彼らの事業を理解するためにも、代表的なサービスである「iPadを用いた遠隔手話通訳サービス」、通称「テルテルコンシェルジュ（shur.jp/telcon）」を見ていきましょう。「遠隔で」「手話を」「通訳する」といってもなんのことかわからない方が大半だと思いますが、内容を知れば、事業の社会的意義、ビジネス的なポテンシャルには驚かされるはずです。

聴覚障害者の方と健常者のコミュニケーションというと

「筆談」が思い浮かびますが、実際にやってみるとわかるように、筆談で十分なコミュニケーションを実現するのは困難です。書き写すための時間もかかりますし、文字だけでは表現のニュアンスも十分に伝えにくいです。そんなとき役立つのが「手話通訳」で、日英通訳のように、二人の間に通訳として入り、コミュニケーションを仲介する役割を果たします。筆談に比べると、格段に効率のいいコミュニケーション方法というわけです。

しかし、手話通訳は基本的に「同伴」するタイプのアナログなソリューションで、聴覚障害者の方が利用しようとするときには、事前の予約が必要で、数千円~1万円単位の利用料金がかかってしまいます。そのため、たとえば「路線がわからないので駅員とちょっとコミュニケーションが取りたい」といったような短時間・瞬間的なシーンでは、実際に利用するのは困難という現状があります。

「テルテルコンシェルジュ」はそんなアナログだった手話通訳を、iPadによって「遠隔化」することに成功したサービスです。「テルテルコンシェルジュ」を使えば、さながらドラえもんの道具のように、瞬時にiPad上に、遠隔地に待機している手話通訳者を呼び出すことができるわけです。

現在は企業が利用料を支払うかたちのソリューションとなっており、聴覚障害者の方は無料で利用することができます。サービスは既に、六本木ヒルズ、ラフォーレ原宿などで試験導入されています。将来的には「聴覚障害者の方がiPhoneのような端末を用いて、24時間365日、いつでも手話通訳を利用できる世界」を目指していくのでしょう。

シュアールが世界的評価を受けるきっかけとなったもう一つのサービス「SLinto Dictionary（スリント・ディクショナリー）」も大変革新的なものです。

言語としてみたとき、「手話」には更新性の高い辞書がない、という大きな課題があります。紙の辞書も存在しますが、更新頻度は低く、いくつかの出版社から2年に1冊程度発行されるといった状況となっています。当然ながら、たとえば「ツイッター」や「フェイスブック」といった新しい言葉の記載は遅れるため、手話学習者は不便を被ることになります。

スリント・ディクショナリーは、こうした手話に関する問題を解決する、オンラインの辞典です。手話ができるユーザーが、動画付きで単語を登録していき、他のユーザーがそれを評価する、というシンプルな仕組みです。ちょうどYouTubeとウィキペディアを組み合わせたようなものをイメージしていただくとわかりやすいでしょう。スリント・ディクショナリーはグローバルに使うことができるプラットフォームなので、ウィキペディアがそうしたように、世界中の手話の市場を一変させていくことが期待されています。

シュアールはその他にも「手話を用いたエンターテインメントコンテンツの開発」や「観光地で手話を利用できるタブレットアプリの開発」など、手話とテクノロジーを切り口にしたさ

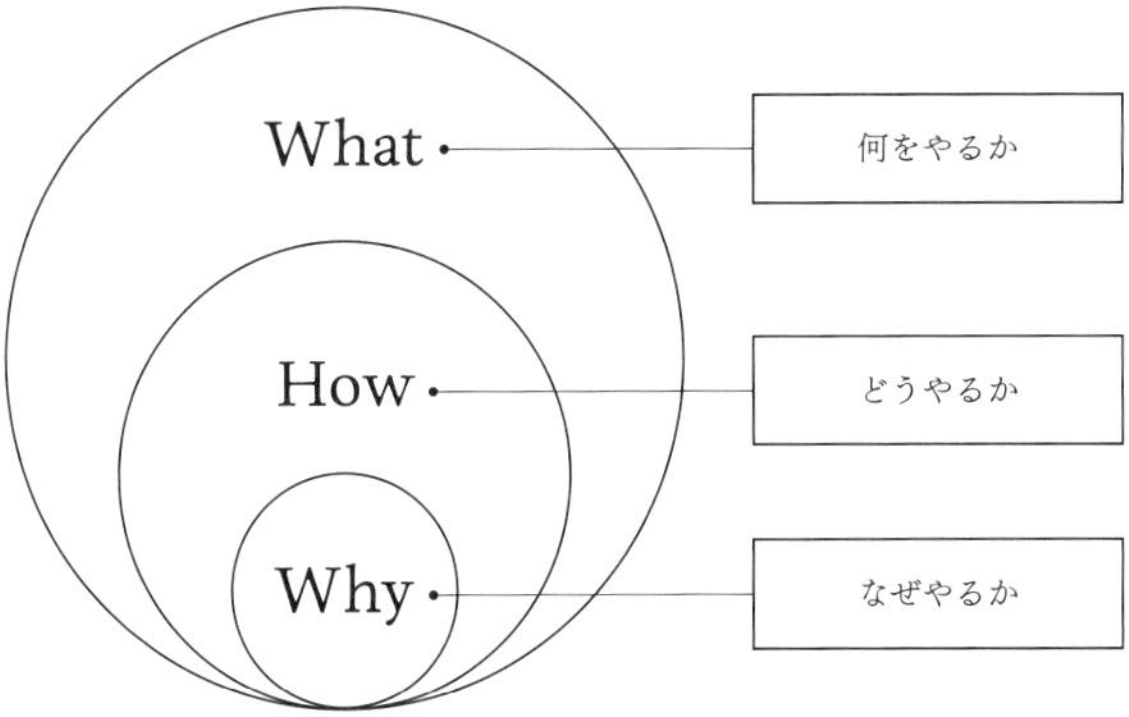

What、How、Why のフレームワーク

まざまな事業を展開しています。

Ｗｈｙ、Ｈｏｗ、Ｗｈａｔで考えるキャリア

さて、シュアールの事業からは、ぼくたちビジネスパーソンがキャリアを考える上でも大切な「Ｗｈｙ」「Ｈｏｗ」「Ｗｈａｔ」のフレームワークを見いだすことができます。

このフレームワークにおいて、もっとも重要なのは「Ｗｈｙ」、「なぜやるか」です。本書でも既に何度か検討している、「一体どんな問題を解決したいがために仕事を行うのか?」という根源的な問いです。

次に出てくるのが「Ｈｏｗ」、つまり「どうやるか」です。これは少しわかりにくいですが、「問題を解決するアプローチ」を指します。

最後に検討すべきなのが「Ｗｈａｔ」、「何をやるか」

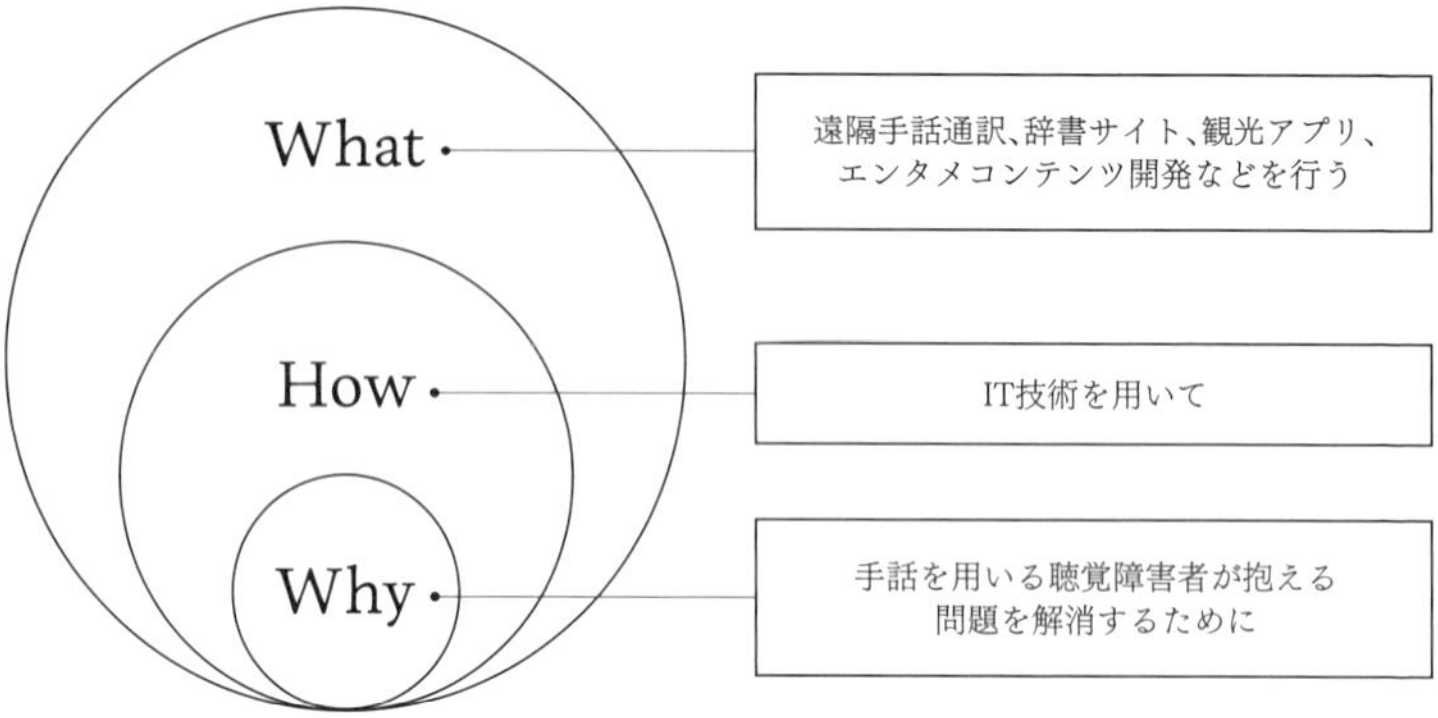
What
遠隔手話通訳、辞書サイト、観光アプリ、エンタメコンテンツ開発などを行う
How
IT技術を用いて
Why
手話を用いる聴覚障害者が抱える問題を解消するために

シュアールのフレームワーク

です。これはそのまま、みなさんがたとえば経理の仕事をしているなら、「経理の仕事」という言葉が当てはまります。

（なお、このフレームワーク自体は、『WHYから始めよ』（日本経済新聞出版社）のサイモン・シネックが著書などの中で提案している「ゴールデンサークル」そのものです。詳しく知りたい方は、ぜひウェブで「優れたリーダーはどうやって行動を促すか」と検索して、サイモン・シネックによるプレゼン動画をご覧ください。）

話をわかりやすくするために、このフレームワークにシュアールのビジネスを当てはめてみましょう（あくまで第三者であるぼくによる整理のため、シュアールの本来の狙いとずれている、または将来的にずれていく可能性がありますが、その点はご容赦ください）。

シュアールが根源的に解決しようとしているのは、「手話を用いる聴覚障害者の方が抱えているさまざまな問題」と考えられます。シュアール代表の大木さんは「手話を取り巻く現状は、まだまだ改善の余地がある」と語っています。それらの課題を解決することで、聴覚障害者の方のコミュニケーションや生活を、より便利に、より豊かにしようと彼らは志しているのです。「現状は問題だらけだ」という憤りに近い感情こそ、彼らの「Ｗｈｙ」であり、モチベーションの源泉です。

シュアールの事業における「Ｈｏｗ（どのように）」は「ＩＴ技術を用いて」という言葉で表現できます。例外もありますが、彼らの事業の大半はテクノロジーを活用したものとなっており、大木さんもテクノロジーの活用に一定のこだわりを示しています。聴覚障害者を支援するにはさまざまなアプローチがありますが、シュアールは組織のアイデンティティとして「テクノロジー」を現在位置づけているわけですね。

最後に、彼らの取り組む「Ｗｈａｔ」には、先に見てきた個別具体的な事業が当てはまります。「遠隔手話通訳」「手話辞典」「観光アプリ」など、ここに当てはまるものはまだまだ増えつづけていくはずです。

イケダハヤトの場合

引きつづきこのフレームワークについて検討していきましょう。次はぼく自身の例を当てはめてみます。

ぼく自身がフリーランスとなったとき、既に「NPO支援」「ブログ運営」という「やりたいこと（What）」を持っていました。これはぼくの中では揺るぎのないもので、このためなら会社を辞めてもいい、と思えるほどの「What」でした。

しかし、いざ独立してみると、まるで自分が大海原で迷子になってしまったかのような感覚を抱きました。一体自分はどこに行こうとしているのか、それがわからない状態です。好きなことは思う存分できているというのに……。

この曖昧模糊とした悩みを解決するために役立ったのが、まさにこのフレームワークであり、シュアールをはじめとする企業との出会いでした。

ぼくが知る優れた企業、優れたビジネスパーソン、優れたリーダーは、みなさん強い「Why」を持っています。彼らは自分がやっていることに対して、心の底から納得感を抱いています。他の人から「なんであなたがそれをやるの？」「そんな問題解決できないよ」と言われようが、決して自分の軸をぶらすことなく、だれも解決できていない課題にタックルしていきます。

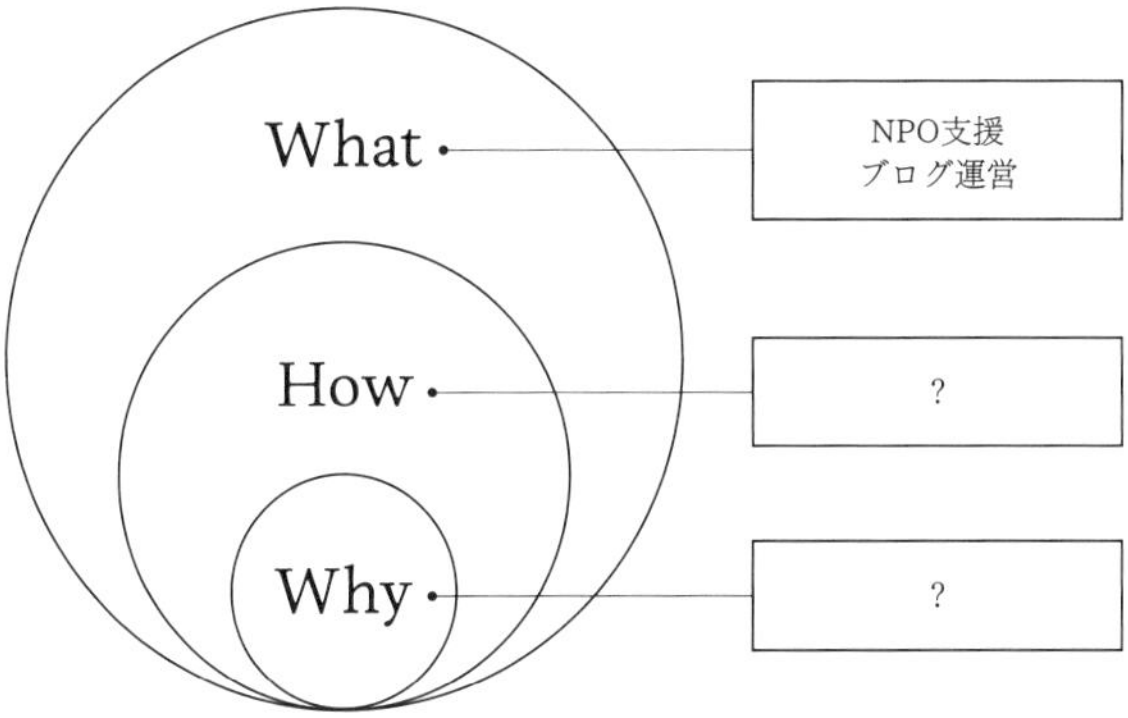

独立した当時のイケダハヤトのフレームワーク

では、ぼくは一体どういう「Ｗｈｙ」を持っているのでしょうか。独立して半年ほど経って、ようやくぼくは自分の中への探求をはじめました。

過去を振り返ってみると、ぼくには中学生の頃から「ネットの面白いモノを紹介する個人ニュースサイト」を運営していたという歴史があります。当時運営していたサイトは、月間50万ページビュー程度のサイトまで成長し、それがきっかけで『ネットランナー』という雑誌での連載をもつこともできました。

サイトをはじめたきっかけは「2ちゃんねるにいるフラッシュ動画クリエイターたちの作品が、ネットの世界で十分に知られていない」と感じたことでした。せっかく素晴らしい作品を彼らはつくっているのに、肝心のその作品を世の中に伝える「メディア」が存在しなかったのです。素晴らしい作品たちは「2ちゃんねる」という狭い圏域でのみ生産・消費され、そこから拡散していくことはありませんでした。

この「もったいない状況」を見て、「なぜこんな面白いものが伝わってないんだ?」と憤りに近い感情を覚え、高いモチベーションで更新をしていたことを覚えています(結局そのサイトは、競合が増えてきたことと、高校に入学して忙しくなったことで、運営を断念してしまったのですが……)。

このように過去を振り返ることで、「なぜこんな面白いものが伝わってないんだ?」という中学生の頃に抱いた憤りは、実は今現在フリーランスとして仕事をする上でも、モチベーションの源泉になっていることにぼくは気がつきました。

ブロガー、マーケターであるぼくの目からすると、世の中は「伝える価値がある面白いコンテンツ」で溢れています。目に映る多くのものは、ぼくにとっては「埋もれた名作」のように感じられるのです。

極端にいえば、これをお読みのみなさん一人ひとりですら、ぼくにとっては「面白いコンテンツ」です。現に、こんな自分語りよりも、読者のみなさん一人ひとりのライフストーリーを聞きたいと心底思っていますし、それをぼくが解釈し、ぼくのメディアで伝えることで、場合によってはみなさんの人生を変えられるとも思っています。

ぼくがブログの更新をつづけるモチベーションの源泉は、「この世の中に埋もれている面白

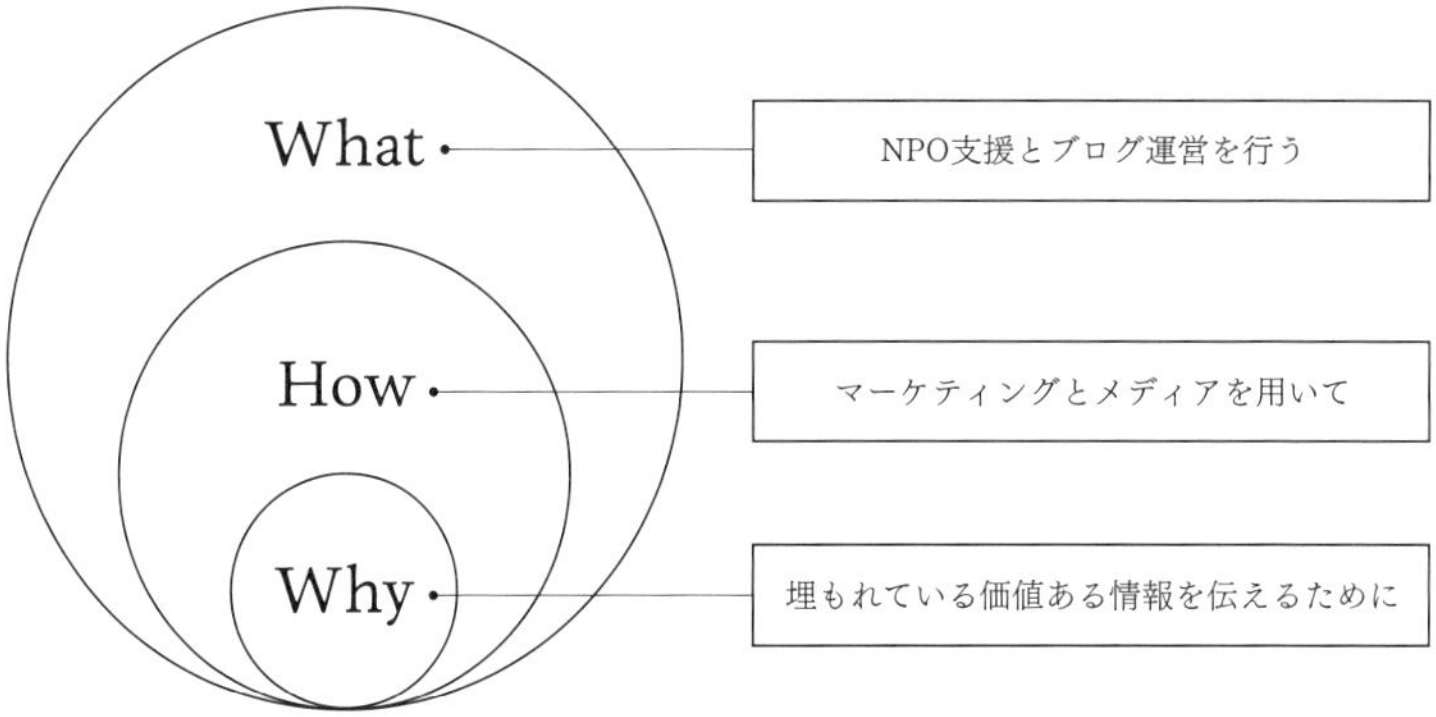
What
How
Why
NPO支援とブログ運営を行う
マーケティングとメディアを用いて
埋もれている価値ある情報を伝えるために

いモノを伝えたい」という情熱であり、ＮＰＯのマーケティング支援を行うのも、同様に「この世の中に埋もれている素晴らしい活動を伝えたい」という想いからです。

　ここまでを先ほどのフレームワークに当てはめると、上のような図になるでしょう。ぼくにとっての「Ｗｈｙ（なぜやるか）」は「埋もれてしまっている価値ある情報を伝えるため」、「Ｈｏｗ（どうやるか）」は「マーケティングとメディアを用いて」、「Ｗｈａｔ（何をやるか）」は「ＮＰＯ支援とブログ運営」ということになります。

　言葉遊びのように感じられるかもしれませんが、自分の中に納得できる「Ｗｈｙ」を持つことができてから、ぼくは自分の仕事に違和感を覚えることがなくなりました。自分のやっていることに自信を持つことができ、やるべきこととやるべきではないことの境界も明確になりました。

「Ｗｈａｔ」にしかフォーカスできていなかった頃は、手当り次第に仕事を受けていた記憶があります。自分の中に、仕事を選ぶための基準が存在していなかったのです。「Ｗｈｙ」はまさにこの基準そのもので、問題意識をうまく言語化できるようになってからは、「ぼく自身が、〝これは価値がある〟と思えないものは、仕事で決して扱わない」という哲学を持つことができました。ぼくが仕事を行うのは「埋もれている価値ある情報を伝えるため」だからです。

言い換えれば、問題意識というものは、キャリアにおけるコンパスのようなものだと表現できるでしょう。仕事、人生に迷ったときは、自分の中の問題意識を思い出すことで、本当にやるべきことが、自然と想起されるようになります。このコンパスが胸の内にあれば、役立つかわからない資格を取ったり、名刺交換会への参加に没頭したり、意義を感じられない仕事をだらだらつづけたり……といった、キャリアにおける「遠回り」を避けることができます。

社会人3年目のAさんの場合

このフレームワークに当てはめたとき、みなさん自身はいったいどのような状態になっているでしょうか？

ここからは少しテイストを変えて、実際にぼくがお会いしたことがある同世代のビジネスパーソンの実話を例に、ストーリー仕立てで考えていきたいと思います。

だれもが羨む大手商社に勤める、社会人3年目のAさんは、バリバリ仕事をこなしているビジネスパーソン。彼は商社で「建材」を扱う部署に配属され、世界を股にかけた、規模の大きな仕事に取り組んでいました。

ぼくと彼は、とあるNPO関連のイベントで2年前に出会い意気投合し、ツイッター、フェイスブックでゆるくつながっていた間柄でした。ちょうど先週、彼が「海外出張から帰ってきた」とツイートしていたので、フェイスブックで連絡し、久しぶりにランチをすることにしました。

彼は席に着くなり、憂鬱な顔で「このまま勤めつづけても、せいぜい上司と同じような人間にしか成長できない。建材のプロになりたいわけではない。ロールモデルが見つからないんだ」「そもそもこの仕事が、どう社会の役に立っているかが感覚的にわからない。会社の売上を伸ばすことに、どんな意味があるんだろうか」「仕事の規模は大きくて楽しいけど、今の仕事は、自分がやるべき仕事だとは思えない。もっと〝自分である必要性〟を感じられる仕事にたどり着きたい」と悲痛な悩みを吐露しはじめました。仕事のストレスも相まってか、初めて会ったときと比べて、だいぶ顔つきが暗くなっていました。

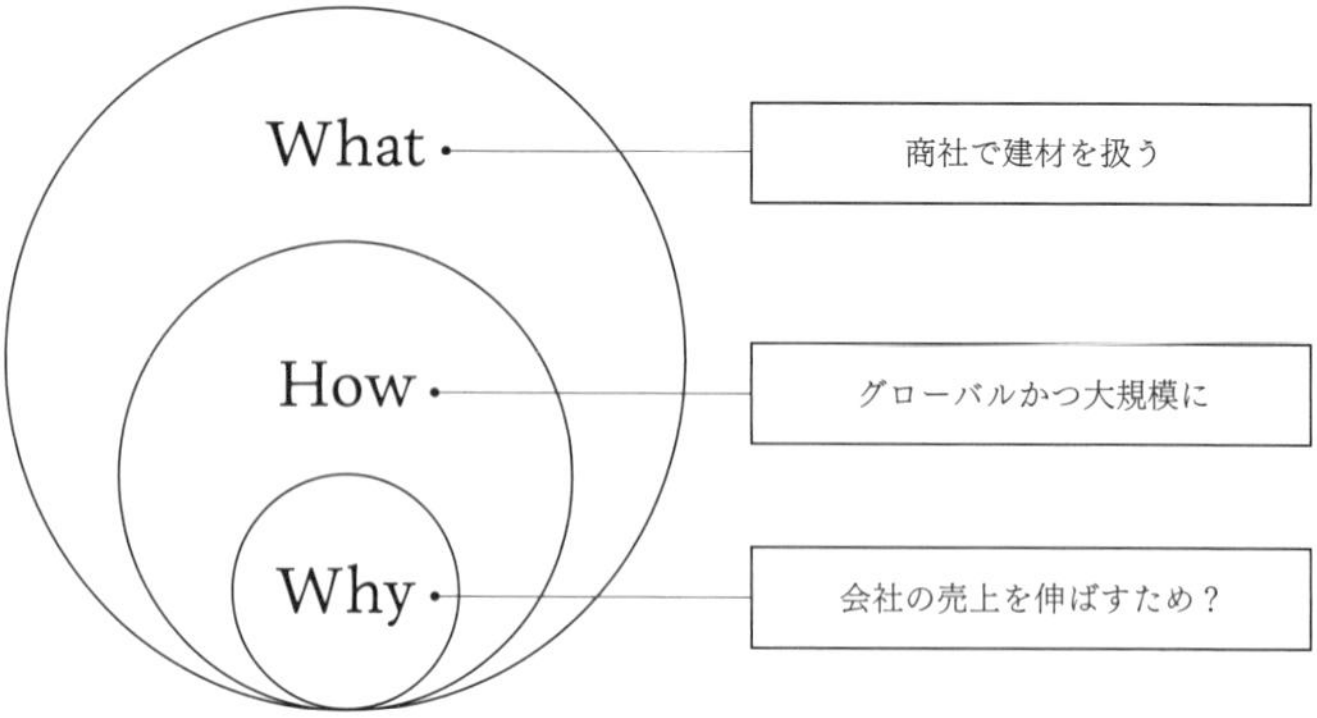
What
How
Why
商社で建材を扱う
グローバルかつ大規模に
会社の売上を伸ばすため？

悩んでいた時期のAさんのフレームワーク

「仕事について考え直すといいんじゃない？　ぼく自身もフリーになってから、すごい悩んだんだよね」

ぼくは彼と一緒に、テーブルの紙ナプキンを使って、彼の仕事のＷｈｙ、Ｈｏｗ、Ｗｈａｔを、先ほどのフレームワークに落とし込んでみました。

彼が行う「Ｗｈａｔ」は明確で、「商社に勤めて建材を扱うこと」です。これはとてもシンプルでわかりやすいのですが、ここからＨｏｗ、Ｗｈｙを考えるのは困難を極めます。

「うちの会社の存在意義って何なんだろう？……利益を出して、株主価値を最大化すること？」

実際にＡさんは、日々会社では売上目標を追うことを強いられているので、結局Ｗｈｙには「会社の売上を伸ばすため」を、Ｗｈｙを達成するためのアプローチであるＨｏｗには、「グローバルかつ大規模に」という表現を当てはめました。

売上を伸ばすために、グローバルで大規模な仕事を行う商社マン。それだけ聞くととってもクールでやりがいのある仕事を想像しますが、彼はまったく納得できていないようでした。「俺がこの会社に勤めて、毎日10時間近く働く意味って、究極的には会社の売上を伸ばすためなんだろうか？」「確かに日々売上を伸ばすためにやっているけど、利益を出すことは目的ではなく、何かのゴールを達成する手段に過ぎないんじゃないか？　今はＷｈｙに当てはめているけれど、これ、本来はＷｈａｔに当てはまるものなんじゃないか？」「そもそも俺は個人として何がやりたいんだろう？」

これらはあまりにも深い問いで、ランチでは答えは出せず、そのままお互いの近況報告をしてその場は別れました。彼はそのあとしばらく、これらの疑問と向き合いつづけたようです。

半年ほど経ったある日、Ａさんからフェイスブックで連絡があり、再び以前のカフェでランチをすることにしました。

開口一番、彼は「いろいろ悩んだんだけど、当面生活できるだけの貯金もあるし、一旦辞めてみることに決めたよ」とぼくに伝えてくれました。テーブルの紙ナプキンを使って、彼は苦労の末に見いだした、彼なりのＷｈｙ、Ｈｏｗ、Ｗｈａｔを説明してくれました。

「考えてみたんだけど、今の自分のように、世の中の問題に対して当事者意識をもてずに、本当にやりたいことを見つけられない人たちが多いのが、俺は問題だと思うんだよね」「そうい

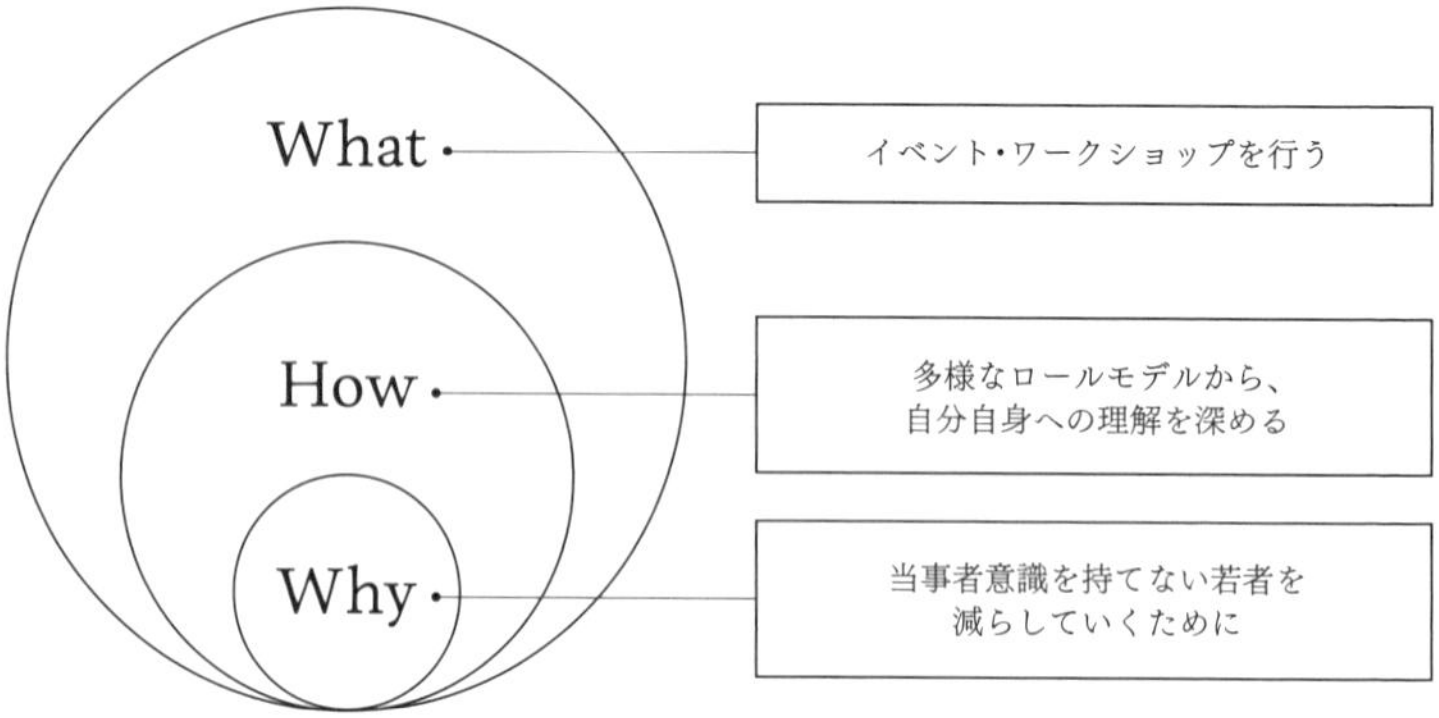
What
How
Why
イベント・ワークショップを行う
多様なロールモデルから、
自分自身への理解を深める
当事者意識を持てない若者を
減らしていくために

独立を決意したAさんのフレームワーク

う問題を解決するためには、ロールモデルを見つけることが重要だとも思うんだ。俺自身もこうして会社を辞めようと思っているのも、ロールモデルとしている人の生き方を参考にしててさ」「だから、自己啓発っぽいけど、ワークショップやイベントを開催して、自分のやっていることに自信を持てる人を増やせないかなぁ、と思ってるんだ」

これがAさんが社会人3年目で見つけたWhy、How、Whatでした。彼はこののち、自分が解決したいと心の底から思える「当事者意識をもてない若者がいる」という課題にコミットしていくことになります。売上が立ちにくい領域なので苦労をしているようですが、友人の会社を手伝いながら、少しずつ活動の幅を広げています。

みなさんの「Ｗｈｙ」はなんですか？

さて、長々とシュアール代表・大木さん、イケダ、そしてＡさんのストーリーを語ってきましたが、今度はみなさんの番です。

みなさんのキャリアにおける「Ｗｈｙ」はなんですか？　みなさんはどういう問題を解決するために、日々仕事をしているのですか？　今の仕事をしている理由を、自信を持って語れますか？

これはとても厳しい質問だとも思います。というか、そうでなければこの本の存在価値はありません。ぼく自身、イベントやワークショップなどで多くの同世代の社会人と会っていますが、自信を持って「Ｗｈｙ」を語れる人は、１００人いるなかで5人程度だと思います。

先んじて厳しい言い方をすれば、「スキルを伸ばすために働いている」というのは、ほとんどの場合「Ｗｈｙ」には当てはまりません。「何のために働いているの？」と問いかけると、この答えを返す社会人は少なくありません。

本来、「スキルを伸ばす」の一歩先には「Ｗｈｙ」があります。解決したい課題があるからこそ、それを解決するためのスキルを伸ばすのです。武器を磨くのは、切りたい何かがあるからです。武器を磨くこと、武器を集めることそれ自体が目的化してしまっては、何も変えることはできないでしょう。

「スキルを伸ばすために働いている」と語るときには、その前に「こういう課題を解決するために、このスキルが必要だから」という前置きが必要です。スキルをただ磨きつづけることが目的化してしまっては、人生いくら時間があっても、前に進むことはできません。

スキルは問題意識を発見するレンズ

「スキル」については、ぼくたち世代の社会人がもっとも気にするものだと思いますので、もう少し「Ｗｈｙ」と絡めてお話しさせてください。

まず、スキルというのはＷｈｙ、つまり問題意識を発見する上では「レンズ」のような役割を果たすものです。スキルがあればそれだけ問題意識も発見しやすくなるし、言い換えれば、スキルがない状態では、問題意識も見つけにくくなるということです。

たとえばぼくは「埋もれている価値ある情報を伝えたい」という問題意識をもって仕事に取り組んでいますが、これはぼくがブロガー、マーケターとしての能力を持っているからです。文章を書くスキル、マーケティングのスキルがあるからこそ、ぼくにとって世の中は「価値あるものが埋もれている」ように見えます。このスキルがなければ、世界はそのような見え方をしないでしょう。ぼくは何か面白いものを見ると「これブログで紹介しなきゃ!」と興奮するのですが、こういう発想はブロガーだからこそ出てくるものです。

同様に、たとえばぼくの友人の金融マンは、彼なりのレンズを持っています。以前あるNPOの支援で彼と同席したところ、彼は金融マンの視線から、その団体の財務的な課題を一瞬で見抜いてみせました。同じ席で、同じ情報に接したぼくには、その高度な課題を見つけることは当然ながらできませんでした。

スキルがあることで、世界の見え方は、より解像度が高く見えるようになります。このレンズを鍛えることで、さまざまな事象の問題点や面白い点を見抜くことができるようになるわけです。

ゆえに、まだスキルを身につけていない学生・新入社員などに関しては、問題意識が見つからないことは、むしろ当然のことだと思います。ぼく自身も、社会人になってマーケティングを学んで初めて、自分が解決したい課題が見つかりました。レンズが磨かれていない状態では、問題を発見することは難しいと言わざるをえません。

ぼくらハチロク世代の社会人3〜5年目ぐらいの方々は、そろそろ市場で通用するスキルも身につき、世界の見え方が変わりはじめてもよい頃だと思います。みなさんが何を仕事にしているにせよ、ぜひ「自分の力でなら解決できる問題」を探し歩いてみてはいかがでしょうか。

花屋に勤める人なら「ここに花があればもっと人は幸せな気持ちになるのに」と、本来あるべき場所に花がないことに気づくでしょう。経理をしている人なら、独立したての起業家があやふやな知識で経理をしていることに驚き、手助けしたくなるでしょう。営業をしている人なら、世の中には素晴らしい製品を持っているけれど、営業ができずに困っている人がたくさんいることに気がつくでしょう。

世の中は、ぼくたちが持つスキルや知識をもってすれば、容易に解決できてしまう問題に溢れています。それはお金になりにくい仕事かもしれませんが、間違いなく世の中を豊かにする仕事です。そして何より、自分の手で問題を解決することに、やりがいを感じることができるはずです。

問題意識が明確であれば、成長スピードも加速する

もう一点スキルについて知っておきたいことは、問題意識が明確になれば、スキルが磨かれるスピードも速くなっていくということです。

たとえば「埋もれている価値ある情報を伝えたい」と考えているぼくは、ごくシンプルに、そのまま「埋もれている情報を伝達するスキル」を磨けばいいわけです。具体的にぼくの場合は、

・ライターとしての執筆能力を高めること
・ブログメディアの影響力を高めること
・低予算で使えるウェブマーケティングのノウハウを蓄積すること

この3つが、磨くべきスキルになります。

先のストーリーで登場した、「当事者意識をもてない若者を減らしたい」と願うAさんは、「ロールモデルの存在から自分自身への理解を深める」というアプローチ（How）を取っているので、磨くべきスキル・知識は、

・多様なロールモデルを知ること
・ロールモデルとなる人とつながること
・効果的なイベント・ワークショップを運営すること

が主立ったものになるでしょう。これらの能力を備えることで、彼が志す問題の解決スピードは向上していくはずです。

明確な問題意識があれば、「逆引き」で必要なスキルを見いだすことができる、ということです。問題意識は「登るべき山の頂上」のようなもので、スキルはそこに到るために必要な道具のようなものです。山を登ろうと覚悟したとき、登っている最中に、思わぬ難所にぶち当たり、自分に足りないスキルに気がつくことができます。

問題意識をもっていない状態、つまりどの山頂を目指すかがわからない状態だと、得てして人は、道具集めに走ったり、使いもしない武器を磨きつづけてしまいがちなのです。とりあえずなにか資格を取得してみたり、英会話を勉強してみたり。

問題意識が先か、スキルが先か

一方で、前述の通り、スキルは問題意識を発見するための「レンズ」です。ある程度のスキルを身につけてはじめて、自分がどの山を登るべきかがわかるという側面もあります。問題意識を見つけてからスキルを磨き出す人もいれば、ぼくのようにスキルを磨いてから問題意識を発見する人もいます。

どちらのタイプになるかは、人によって違います。傾向として指摘できることがあるとすれば、起業家と呼ばれる人には、問題意識が先行するタイプが多いかもしれません。

たとえばぼくの周囲のNGO／NPOの起業家などは、学生時代等に貧困の現場を見て「これはおかしい！　なんとかしなきゃ！」と思い立ち、そこからスキルを磨きはじめているような方々がいらっしゃいます。はたから見ていると「何の経験も、後ろ盾もない状況でよく踏ん切りがつけられるなぁ……」と驚かされるような人たちです。

とはいえ、こういう行動力がある人はごく稀で、これまでいろいろな人とお会いしてお話しした経験からすると、大部分の人はスキルが先行するタイプに属すると感じます。かくいうぼく自身もこのタイプです。

「スキル先行」のデメリットがあるとすれば、それは「いつまでたっても踏ん切りがつかない」可能性があることでしょう。みなさんの周りにも「いつか転職するんだ」「いつか独立するんだ」といいつづけている人はいませんか？　そういう人に限って、いつまでも同じ会社に留まり、スキルを磨きつづけてしまっていたりします。問題意識を見つけるための努力をするのではなく、資格の取得や、昇進するための媚びへつらいに時間を割いてしまうような人たちです。

スキルはあくまで、問題発見を行うためのレンズであり、問題を解決するための手段です。そのことを忘れ、いつまでも同じ環境に留まり「この会社にいるのは、スキルを磨くためです」と語るのはやめにしましょう。

これは役立つと思っていたスキルが、いざ山を登りはじめてみるとほとんど役立たない、ということも往々にしてあります。僕はマーケティングコンサルタント時代、マイクロソフトのパワーポイントを使った資料作成スキルを磨きまくっていたのですが、あのとき身につけた細かいパワポノウハウは、今の仕事ではほとんど役立っていません。あんな暇があるんだったら、英会話でも勉強していたほうがよかったなぁ……としばしば後悔していたりします。

問題解決よりも、問題発見が重要

「就活」をしていた時代、「問題解決能力が高い人材」という言葉が、多くの企業の募集要項に記されていたことを思い出します。もちろん問題解決能力は高いに越したことはありませんが、個人のキャリアを考えたとき、重要なのはむしろ「問題発見能力」の方です。

「問題解決」が求められるのは、当然ながら、既に問題が提示されている状態でのみです。ちょうど学校のテストのようなものです。問題はそこにあるので、できるだけ早く正確に、それを処理していけばいいだけです。会社における新人時代の仕事の多くは、このような性格のものかもしれません。

しかしながら、現実社会において、特に自分の人生を考える上では、「解決すべき問題」が学校のテストのように提示されることはありません。

会社に入れば上司から「解決すべき問題」が降ってくるかもしれませんが、それが自分の貴重な人生を費やす価値のある問題とは限りません。会社から与えられる問題（たとえば「売上を向上させなさい」「業務を効率化させなさい」）に答えつづけたところで、自分の人生に対する納得感はなかなか芽生えないでしょう。

自分の職業人生をかけてもいいと思える問題を発見できたとき、仕事は「自分ごと」になり、一気に楽しくなるはずです。そういう課題は、他のだれでもない、自分が見つけないといけません。

日本の教育は特に「問題解決能力」を磨くことに力点が置かれているような気がします。ぼくらの世代は、特にそういう教育を受けてきたのかもしれません。ぼく自身も学生時代を振り返ると、問題を与えられるばかりで、問題を自ら見つけることはほとんどしてきませんでした。

しかし、実世界で重要なのはむしろ、問題それ自体を見つける能力です。他の人と同じ世界を見て、どれだけ的確に問題を発見できるか、そういう能力がこれからは求められます。これは個人の人生のみならず、仕事においても同じでしょう。

問題意識を抱けば、自分に対する厳しい視点を得られる

自分の中に「Ｗｈｙ」を見つけることは、みなさんを「ぬるま湯」の仕事から解放するきっかけとなるでしょう。

ぼく自身、「埋もれている価値ある情報を伝えたい」という意識で仕事をしているわけですが、心底、自分の力のなさを実感しています。ぼく自身の伝える力、すなわち影響力・メディア力はまだまだ小さいのです（この本でぼくのことを初めて知った方も少なくないでしょう。これではまだ、影響力が足りないのです）。理想的には、ぼくがひとこと「これはいいものだ！」と鶴の一声を発すれば、30万人がそこに関心を抱く、という水準にまで達したいと考えています。

魅力を的確に伝えるためのヒアリング能力、ライティング能力も依然として低いままです。紹介したいネタを、マスメディアにつなげるための人脈も貧弱です。

「埋もれている価値ある情報を伝えたい」ということを極めたいのなら、ぼくは今の数倍以上の、影響力、スキル、人脈、活動量が必要だと認識しています。絶望的なほど、伸びしろがあります。

こうして本を書いているくらいですし、「十分、知名度や高いスキルを持っているじゃないか」と思われそうですが、実感としては、これでは全然足りません。ぼくが登ろうとする山は、圧

倒的な存在感で目の前にそびえ立っているのです。HPもMPも、武器も防具も、道具も魔法も、仲間も不足しています。

サラリーマン時代には、このように自分の状況を捉えることができませんでした。せいぜい「周りの同世代に比べれば成長しているかな……TOEICでも頑張ろう」とか考えている程度で、自分の未熟さを「痛感」することはありませんでした。

未熟であることは何となくわかっていても、毎月給料は入ってくるし、たまに上司から褒められるし、「こんなもんかな」と日々を適当に生きていました。それは結局、上から与えられる問題だけをこなしており、自分が解決したい課題を見つけることができていなかったからなのでしょう。

自分の力のなさを自覚できるようになってからは、自分を成長させるのが楽しくなりました。またもやゲーム的な表現で恐縮ですが、次々に新しい技や魔法を覚え、一緒に戦ってくれる仲間も増えていくイメージです。課題が見つからなかった時代の自分は、町の外に出ることなく、それでなんとなく満足をしている「村人A」のような感じだったかもしれません。

モチベーションのコントロールが不要になる

問題意識をもつメリットはまだまだあります。ぼくは自分の「Ｗｈｙ」を見つけてから、モチベーションをコントロールする必要が、ほとんどなくなりました。

何を言っているかよくわからないという人も、誇張しているんじゃないかという人もいるでしょう。しかし、ぼくはサラリーマン時代のように、仕事に対して「モチベーションが上がらないな」と思うことがまるでなくなったのです。

自分なりの「Ｗｈｙ」にタックルすることは、第三者から与えられた行為ではなく、あくまで自分が選択した行為です。ぼくの場合は「埋もれている価値ある情報を伝える」ということに対して、だれから頼まれるでもなく、勝手に取り組んでいます。それは単純に「ぼくがそうしたいから」であり、感覚的には「趣味」や「遊び」に近いものです。

趣味や遊びのような「だれから頼まれるでもなくやりたいと思えること」に取り組む上で、モチベーションを論じることは基本的にないと思います。モチベーションのコントロールが必要なのは、やりたくない仕事をやる必要がある場面です。ぼく自身がモチベーションのコントロールが必要になるのは、経理関係の事務作業を行ったりするときぐらいです。

モチベーションコントロールが不要ということは、日曜の夜にサザエさんを見てため息をつくような生活とは無縁でいられる、ということです。かくいうぼくは暇さえあれば文章を書いたり、本を読んだり、取材をしたりしています。

余談ですが、この原稿を書いている今も、まさに世間は三連休中だったりします。クリスマスを目前にして、カップルや家族が楽しそうにカフェで談笑していますが、ぼくは淡々とノートPCに向かって原稿を書いています。そろそろ書きはじめて3時間。BGMはクリスマスソングです。何だかみじめなような気もしますが、ぼくはやりたいからやっているので、祝日だろうが休日だろうが、楽しく文章を書きつづけています（負け惜しみではありませんよ！）。サラリーマン時代に、やりたくもない仕事のために、休日のカフェで仕事をする羽目になったら、さぞかし悲しい気持ちになったことでしょう……。

「お金のために働く」から解放される

モチベーションコントロールが不要になることとも関連しますが、自分なりの問題意識が見つかると、「お金のために働く」ことから解放されます。

みなさんは、もし給料が貰えなかったら、今の仕事を辞めますか？——この問いに対しては、99％の人が「当たり前だ」と答えるはずです。

しかし、問題意識に根ざした仕事をしていれば、ここで「辞めません」と答えることができてしまうのです。

ぼく自身も「NPOの支援」など、ほとんどお金にならない仕事に、けっこうな時間を割いて取り組んでいます。それは純粋に問題解決に関わりたいからであり、そこに楽しさを見いだしているからです。

このテーマに関しては、平均年収が正規スタッフで200万円代といわれる、NPOで働く人たちが参考になるかもしれません。

賃金の低さは改善すべき課題ですが、現時点では、結果的にNPOには「お金のために働いているわけではない」人たちが集まっているように感じています。ざっくばらんな言い方をすれば、給料がかなり低いので、お金が目的だとやっていられないわけです。

NPOという組織はその定義上、そもそも社会的な問題の解決を志向しています。たとえば自殺の問題に取り組むNPOなら「自殺を消滅させること」、貧困の問題に取り組むNPOなら「貧困を消滅させること」が、組織としてのゴールとなります。ゆえに、究極的にNPOは、問題を解決した暁には組織自体も解散することとなります。

実際に、「ミッションを達成した」という理由で解散したNPOも過去には存在しています。

この組織のあり方は、利益を出しつづけることを目的とする株式会社とは、大きく違うことがわかります。

拙著『年収150万円でぼくらは自由に生きていく』（星海社新書）でも強調しましたが、ぼくは「お金のために働く」という先に、明るい未来を感じることができません。

少子高齢化、グローバリゼーションが進む中で、経済成長は今後ますます難しくなっていくでしょう。高度経済成長期ならいざ知らず、「お金を稼ぐ」ということそれ自体が、ぼくらにとっては「重すぎるベンチプレス」となっています。

この重さに耐えられずに心身を病んでしまった人は、みなさんの周りにもいらっしゃるでしょう。「お金を稼ぐ」というモチベーションで仕事をすることは、よほどビジネスが得意でもないかぎり、自分の身をいずれ滅ぼす、毒を喰らいながら働くようなものだと思います。

そもそも、ぼくらハチロク世代の人間にとって「お金」というものは、「そりゃまぁ、たくさんあればいいけど、自分が幸せに暮らしていくだけなら、そんなにお金はいらないよね」という程度のものでしょう。個人的には、バブル世代のような、お金で自分を着飾るような生き方に、かっこ悪さ・ダサさすら嗅ぎ取ってしまいます（見栄のために高級車を買うなんて、他に誇るものはないのでしょうか？）。

ぼくが提言したいのは、問題意識を持つことによる、「お金のために働く」から「世界の問題を解決するために働く」へのシフトです。このように心持ちが変われば、働くことは今よりもずっと楽しく、ワクワクするものになっていくはずです。

お金は生きていく上で必要不可欠ですが、幸せに生きていく「手段」にすぎません。お金のためだけに働くフェーズからは、そろそろ脱却しましょう。

「やりがい搾取」に気をつけよう

とはいえ、「お金のために働くことからの解放」は、注意深く論じる必要があります。お金を働くモチベーションにしないときに気をつけたいのは、「やりがい搾取」と呼ばれる、新しい搾取の犠牲にならないことです。「やりがい搾取」は、その名の通り「やりがい」を前面に出し、人材を採用し、低賃金・長時間労働で働かせる、という搾取のあり方です。

たとえば、「私たちは世界を変えるんだ！」と社長が息巻くような会社を考えてみましょう。そう語ること自体はもちろん悪ではないのですが、仮にこの会社が、「私も世界を変えたいんです！」と共感して入社してくる若者たちを「使い捨て」として扱っているようなら、それは「やりがい搾取」に当てはまります。

テクニックさえあれば、「社会のため」という看板で人を騙すことは十分できてしまうのも、現代社会の恐ろしいところです。ぼくですら、その気になればウブな若者の数名は「やりがい」

郵 便 は が き

恐れ入りますが、50円切手をお貼りください

101-0051

東京都千代田区
神田神保町1-11

晶 文 社 行

◇購入申込書◇

ご注文がある場合にのみご記入下さい。

■お近くの書店にご注文下さい。
■お近くに書店がない場合は、この申込書にて直接小社へお申込み下さい。
送料は代金引き換えで、冊数に関係なく一回210円になります。
宅配ですので、電話番号は必ずご記入下さい。

(書名)	¥	(　　)部
(書名)	¥	(　　)部
(書名)	¥	(　　)部

ご氏名　　　　　　　　㊞　TEL.

ご住所　〒

晶文社　愛読者カード

お名前《ふりがな》	（　　歳）	ご職業
ご住所	〒	
Eメールアドレス		
お買上げの本の 書　　名		

本書に関するご感想、今後の小社出版物についてのご希望などお聞かせください。

ホームページなどでご紹介させていただく場合があります。（諾・否）

お求めの 書 店 名		ご購読 新聞名		
お求め の動機	広告を見て （新聞・雑誌名）	書評を見て （新聞・雑誌名）	書店で実物を見て 晶文社ホームページ〃	その他

ご購読、およびアンケートのご協力ありがとうございます。今後の参考にさせていただきます。

の名のもとにタダ働きさせられる自信があります（もちろんやりませんが）。
ここでは端的に、やりがい搾取か否かを見分けるポイントをあげておきます。

・経営陣は積極的に賃金を上げようと努力してくれているか？
・経営陣は安定した雇用を実現するための努力をしてくれているか？
・経営陣のお金の使い方は常識的か？
・会社を辞めていく人は、円満退社をしているか？
・経営陣は問題解決に喜びを感じているか？
・顧客を「金のなる木」として見ていないか？
・経営陣は「あなた」を見ているか？　私生活を考慮してくれているか？

これらの問いに対する回答に、疑問を挟む余地があるのなら、その会社はやりがい搾取を行っている可能性があるでしょう。

搾取を行わない職場は、しっかりとスタッフ一人ひとりを人格を持った人間として捉え、彼・彼女の人生について配慮し、仲間として認識してくれます。やりがい搾取を行う職場は、あなたのことを「捨て駒」としてしか見ず、あなたの人生について深く関わりを持つことはありません。当然、陳情しようが文句を言おうが、働きに見合った給料を貰えることもないでしょう。報酬が少なすぎると訴えたところで、「おれたちの仕事は他のだれもやらないもので、お金にはなりにくいんだ。いまはまだ給料払えないんだよ、厳しかったら辞めてくれ」といわれるのがオチです。

今はまだあまり表立って出てきていませんが、ぼくが出入りするＩＴ業界では、少なからずこうした「やりがい搾取」が行われています。問題意識が合致する会社を見つけて、いざ入ってみたら搾取されるだけだった、というのはなかなか悲劇なのでご注意ください。

「修行搾取」にも気をつけよう

もう一点、「やりがい搾取」の変形ですが、「修行搾取」についても言及しておきましょう。「修行搾取」はその名のとおり、経営者が労働者に対して、働くことを「これは人間的な修行だ」と押しつけ、使い捨てをするスタイルの搾取です。

こうした経営者は、「人間が働くのはお金を儲けるためではなく、人間性を高めるためである」という価値観を持っています。そう語る裏には、「うちの会社で働く人間は未熟な人間だから、わたしが提供する仕事を通して成長してもらおう」という傲慢な意識が隠されています。

この価値観が労働者にまで伝わると、ときに労働者の側が、理不尽な労働環境をみずから容認するといったメカニズムが働いてしまいます。むずかしい話ではなく、「自分は修行するためにここで働いているんだ、だから長時間労働をしなきゃいけないし、理不尽と思えることにも耐えなければいけないんだ。給料が低いのは未熟だから当たり前だ」という考えに、「労働者自身が」陥ってしまうということです。

働くことが人格的な修行になるというのは、確かに真実でもあります。ぼく自身も、仕事を通してだいぶ人格がまともになった気がします。

しかし、こういう価値観を経営者が語り、労働者を無意識的に「自分は修行中の身だから、どれだけ理不尽でも耐えないといけないんだ」と教化し、ブラックな労働に追いつめるのは、糾弾されるべき態度です。

自分が未熟であることを理由にするのは、通念とは逆に、楽な方向に流されるということです。どんなに理不尽でも、自分が悪いことにしてしまえば、一挙に問題が解決してしまうわけです。上司も会社も否定する必要はありません。「自分が無力で未熟だから」どれだけ仕事をしても、仕事が片づかないのです。

こういう環境では、働けば働くほど自己肯定感が失われます。「自分はダメな人間なんだ……」ということを骨身に沁みるほど認識させられたあげく、心身を壊して退職してしまうでしょう。彼、彼女は会社を責めることはなく「自分が悪かった、会社に迷惑をかけた」と、自己責任的に自分を追いつめていきます。こうして労働者が「自分のせい」にしてしまえば、会社は何の責任を取る必要もありません。

未熟さを認め、成長していくためには、何より成功体験が必要です。修行搾取を行う会社は「成功体験の提供」をないがしろにします。

「未熟だけど達成できた！　できることが増えた！　評価された！」という感動があってはじめて、人は成長することができます。新しいチャレンジに取り組むことができます。こうした体験をないがしろにしたまま、「おまえは未熟だ、修行しろ！」と強制的に働かせたところで、運が悪い人はそのまま何一つ成功体験を得られず、「自分はダメだ……何をやってもダメだ……」とどん底まで落ちていくことになります。

みなさん自身が修行搾取の被害者であるかどうかは、「やりがい搾取」のチェックリストに加えて、

・経営者が「仕事はお金のためではなく、人格を磨くためである」という価値観を持っていないか、訓示として語っていないか
・働いている人の多くが自分のことを「未熟で修行中の身」だと考えていないか

・上司または会社は、積極的に成功体験を提供しようとしてくれているか
・「自分のせい」で体調を崩して辞めていった人、休職している人はいないか

なんてところがポイントになるでしょう。

「お金のために働かない」のはすばらしいことですが、その人間心理を巧みに用いた、新しい「搾取」には注意する必要があります。自発的に仕事をしていると自分で感じていても、それは狡猾な搾取の構造に取り込まれているだけかもしれません。

社会的課題が顕在化し、同時に高い賃金を払うことが難しくなるこれからの社会においては、こうした新しい搾取が一般化していくはずです。悪い芽は早急に摘みましょう。どうか、危険な自己責任論に陥らないように気をつけてください。

第二章のまとめ

かつてのぼく、またAさんの事例に見たように、やりがいを感じることができない、いきいきと働くことができない、その理由の一端は「問題意識（Ｗｈｙ）が不在であること」にあります。

ぼくもAさんも、自分の問題意識を大切にできるようになってからは、上から言われたまま

に仕事をするのではなく、自ら問題解決のためのアクションを取れる人材に変化しました。

問題意識を持つうえで鍵となるのは、スキルの存在です。みなさんが何を問題と感じるかは、みなさんがどのようなスキルを持っているかで、大きく変わってきます。ぼくはマーケティング、ライティングのスキルをもっているので、「世の中に価値が埋もれている」のが問題だと思うのです。

問題意識が見つからない方は、焦らず自分なりのスキルを磨き、そのスキルをもって、自分のちからで解決できそうな問題を見つけにいきましょう。

問題意識を抱ければ、自分に対する厳しい視点を得ることができ、ぬるま湯からは脱出できます。自分の能力の低さを痛感するようになるでしょう。

また、強く解決したいと願っていればいるほど、モチベーションの管理も不要になります。仕事は「遊び」に近づき、朝も昼も夜も、土日も祝日も、働くことができてしまうようになります。

ただ一点、気をつけたいのは「問題意識」をエサにした、あたらしい搾取のあり方にハマらないようにすることです。労働者を「やりがい」で導くことは、経営者にとって雑作もないことです。

「やりがい」を見いだすことができたとしても、安心するのは早計です。ここで紹介したチェックリストを片手に、搾取の構造に陥らないよう、自己点検を行いましょう。

Think 21
就職しないで生きるには
New work style in the 21st century society

第三章
問題意識を発見する8つの方法

ここまで問題意識をもつメリット、そして働く上での搾取の危険性について解説してきたわけですが、当然気になってくるのが、問題意識を発見するための具体的な方法です。

与えられた問題を解決するのがどれだけ巧くても、そういう人が、自分の中にある問題意識をうまく発見できるかというと、そうとは限りません。ここでは、ぼくがこれまで観察してきた「問題意識を発見する方法」を8つのアプローチで整理してみたいと思います。

1　専門家としてのスキルを身につける

前述の通り、スキルはそのまま、問題を発見するためのレンズとなります。特定分野へのスキルを磨けば磨くほど、世の中は「問題だらけ」に見えてきます。

たとえばみなさんが照明の専門家なら、ぼくの自宅の照明の問題点を、的確に見抜き、改善してくれるでしょう。たとえばファッションの専門家なら、ぼくの超テキトーな服装の問題点を指摘し、最適な着こなしを教えてくれるでしょう。本に詳しい人なら、「ぼくが今読むべき本」を余裕で50冊は提示してくれることでしょう。

他の例を出すまでもなく、これはあらゆる職能でも同じことがいえます。スキルがあるということは、もう十分に問題発見能力があるということなので、あとは行動するか否かの問題です。行動を制約するのは、お金の問題だったり、生活環境の問題だったり、立場の問題だったり、「挑戦への恐れ」だったりします。

繰り返しになりますが、そのため、まだスキルを習得していない新入社員や学生に関しては、問題意識を発見することが難しくなるのは当然のことです。ぼく自身も大学生時代に「問題意識を持て！」といわれても、ピンと来なかったはずです。

まずは1～2年キャリアを積み、専門書を読みあさり、自分の中の「レンズ」を磨いていくことを心がけるとよいでしょう。みなさんが適切にスキルや知識を身につけているのなら、世の中は次第に「問題だらけ」に見えてくるはずです。問題意識を抱くことができたら、あとは勇気を出して行動するのみです。

2 日々の「これ、ありえない！」を大切にする

問題意識というのは「怒り」そのものでもあります。何かについて「これはおかしい！」と怒りを覚えるということは、すなわち問題意識を抱いているということです。

ぼくの知人のデザイナーは、あるとき「テレビのリモコン」を見て「このデザインはおかしい！　だから日本のものづくりはダメなんだよ！」と怒っていました。はたから見たら何を

いってるんだ、という感じですが、いわく「Ａｐｐｌｅを見ろよ、ｉＰｈｏｎｅはボタンがひとつしかないけど、ものすごく使いやすい。日本の家電はボタンが多すぎるんだ」とのこと。なるほど、彼にとっては「ボタンが多すぎるリモコン」は怒りの対象であり、解決すべき課題なのです。

街を歩いていると、怒りを感じるきっかけはさまざまなところに埋もれているものです。私が最近怒りを覚えたのは「商店街で歩きタバコをする人」です。妻が妊娠中だったということもあり、これはおかしい！と強く憤りを覚えました。

このとき気をつけたいのは、その怒りを当事者にぶつけないことです。この場合、ぼくが「歩きタバコやめてください！」と喫煙する人に憤ったところで、歩きタバコという社会的な問題はまず解決しないでしょう。どれだけよくても、たったひとりの喫煙者の行動が変わるだけです。下手をすれば無用なトラブルになるだけかもしれません。

「罪を憎んで人を憎まず」という言葉がありますが、問題を解決するためには、その根本を変える必要があります。どういう「仕組み」があれば歩きタバコが減るか、どういう「街のデザイン」があれば、愛煙家と嫌煙家がぶつからないで済むか、そういう一段上のレベルで問題解決を考えるべきです。たとえばこの場合なら、

・路上喫煙防止条例を商店街に適用するための運動を起こす
・商店街の中に喫煙所を設ける
・「喫煙者優先」の歩行者道路を設定する

などの解決策が考えられるでしょう。喫煙者ひとりに対して怒りをぶつけるのとは比べ物にならない、根本的な問題解決となるはずです。

ぜひ日々仕事をするなかで、街を歩いているなかで、友だちと会話をしているなかで、「怒り」に敏感になってみてください。そしてその怒りを、当事者ではなく、世の中の仕組みにぶつけてみてください。その負の感情は、みなさんが職業人生をかけて解決したい課題と、何らかのつながりを持っている可能性があります。

3 自分の過去を振り返る

心の底から「解決したい！」と思える問題は、しばしば自分の過去と密接なつながりを持っているものです。たとえばぼくが抱いている「埋もれている価値ある情報を伝えたい」という意識は、前述の通り、中学生時代のサイト運営経験と明らかに紐づいています。

PIRIKA

先日ある学生の方とお話をさせていただいた際に「あなたが解決したい問題はなに？」と質問してみたところ「そうですね……私はリハビリの問題を解決したいのかもしれません」と答えてくれました。いわく、彼の祖母が病気を患った際にリハビリを拒否してしまい、それが原因で現在体を思うように動かせない、というご家庭の事情があるそうです。「リハビリがもっと身近で楽しいものだったら、うちの祖母は今元気に歩けているかもしれない」と彼は語っていました。これも自分の体験に根ざした問題意識の抱き方といえるでしょう。

また違う例では、「ＰＩＲＩＫＡ（pirika.org）」という「ゴミ拾い」に特化したスマートフォンアプリを開発する起業家の小嶌不二夫さんは、幼少期に環境関連の本を読み「地球やばい！」と思ったことが、環境関連の事業を立ち上げる動機のひとつになったと語っています。幼い頃に感じた衝撃が、めぐりめぐって現在の仕事につながっている、というケースはしばしば見られるものです。

問題意識を発見することができていない方は、一度、自分が過去に感じた感情の浮き沈み、記憶にのこる喜怒哀楽を思い返してみるとよいでしょう。「小学生の頃、家族でディズニーランドに行って泣くほど感動した」という体験が、もしかしたらみなさんのキャリアとつながりを持つことがあるかもしれません。

とはいえ、情熱をもって取り組みたいと思える仕事が、過去の体験とまったく結びつきを持たない場合も頻繁にあります。

ときおり「やりたいと思えるが、これまで取り組んできたこととまったく関連性がないのですが大丈夫でしょうか?」という相談を受けるのですが、ぼくは「それがむしろ普通だから、気にしないで大丈夫」と答えるようにしています。

スティーブ・ジョブズのいう「点と点をつなげる (connecting the dots)」ではありませんが、はじめは関連性が見えなくても、活動をつづけていくなかで、思わぬつながりを見いだすことができる場合もありますし、長い目で考えてみるのがよいでしょう。

４ 他人と関わる

自分のなかを掘り返すことも大切ですが、自分以外のさまざまな人のライフストーリーに触れることも大切です。ぼく自身も今の働き方や、自分の問題意識を見つけるきっかけとなったのは、数多くの人たちとの対話でした。

今ではソーシャルネットワークを用いれば、興味関心が近しい人と簡単に会うことができます。ぼくは会社員時代、平日の朝の時間を使って渋谷のカフェで同業他社の方々とひたすら会いまくる日々を過ごしていました。

アポを取る方法は、ほとんどの場合ツイッターで「ツイートいつも拝見しています。もしお時間が許すなら、一度カフェでお話ししませんか？」と連絡をしていました。スルーされることも頻繁にありますが、ＩＴ業界の方はフットワークが軽い方が多いのか、8割以上の確率で会いたい人に会うことができました。

ぼくはツイッターを使っていましたが、今は「人に会う」ための便利なツールもたくさん登場しています。ここでは、そうした最新のツールのひとつをご紹介したいと思います。

さまざまなビジネスパーソンが自分のプロフィール付きで「空き予定」を登録しているサービス、「コーヒーミーティング(coffeemeeting.jp)」はとてもおすすめできるツールです。ユーザー

コーヒーミーティング

は公開されている空き予定の情報を見て、「会いませんか？」とオファーを出すことができます。

ちょっと出会い系サイトみたいですが、実名のフェイスブックアカウントが必須であるため、匿名ユーザーは参加できない仕組みとなっています。実態としても、主には「人脈を広げる」ために同性同士で利用されているサービスです。

コーヒーミーティングを利用すれば、サイト名の通り、興味関心や業界が近しい人と、カフェでコーヒーを飲みながらカジュアルにお話をする機会を簡単にゲットできてしまいます。

もちろん、みなさん自身の空き予定を公開することも可能です。プロフィールを充実させておけば、みなさんに関心を抱いた方から「お話ししませんか？」とオファーが来るかもしれません。

自分からアポ依頼をするのってちょっと緊張しますし、

まずは空き予定の登録から利用してみるのがおすすめです。コーヒーミーティングは学生のOB訪問にも使えるツールなので、学生の方もぜひチェックしてみてください。

ほんの少し勇気を出せば、会社の外にはワクワクするような人たちが大勢います。会社の中だけで人間関係を閉じてしまうのはもったいないことですし、自分のキャリアのためにもマイナスになりかねません。

今は便利な道具があるので、ぜひ騙されたと思って、社外の人と会い、彼らの専門性やストーリーに触れてみてください。朝の30分、昼の1時間を使うだけで、人生が変わってしまう出会いが訪れるかもしれません。

5 本を読む

見知らぬ人と会うのがどうしても苦手という場合は、本を読むのもひとつの手段です。特に、第三者のライフストーリーが語られている伝記や自伝、ノンフィクション作品はおすすめです。

ごく常識的に生きてきた人は、知らず知らずのうちに、自分を「常識」という鎖で縛りつけてしまっているものです。ぼく自身も社会人になるまではレールに載った人生を歩んでいたので、心底、未だに自分が数多くの「常識」に縛られていることを感じています。

本などを通して他人の人生に触れることのメリットのひとつは、こうした常識の鎖から、自分を解放することができる点にあるでしょう。

たとえばぼくは、作曲家のマーラーが大好きなのですが、彼の人生を扱った本を読むと、いかに当時の音楽業界、リスナーからバッシングされていたかを知ることができます。今では世界中で評価されている歴史的な作曲家であるマーラーは、当時「こんなのは音楽ではない」「騒音にすぎない」という批判を受けていたのです。それでも彼は負けずに自分の作品世界を発展させつづけ、歴史に残る偉大な作品群を作り上げました。

本の中とはいえ、そんなマーラーの人生に触れていると、自分のブログ記事がネット上で叩かれていたり、著書がＡｍａｚｏｎレビューで叩かれていたりしても、それらの批判に一喜一憂するのがバカらしく思えてくるものです。

「古い音楽を変えようとしたマーラーはボコボコに叩かれても作品を作りつづけた、一方、自分はＡｍａｚｏｎレビューにへこんでお腹が痛くなっている。なんて自分は小さいんだ！　気にする必要なんてないじゃないか」という具合に、開き直れるわけです。ちょっと自分を守りすぎている気もしますが……（苦笑）。

常識という鎖から解放されるということは、「自分の小ささ」を実感するということでもあるでしょう。過去の自分の小ささに気づくことを繰り返していく中で、人間は一枚一枚「脱皮」

し、成長していくのだと思います。

参考までに、個人的におすすめする本を何冊かリストアップしておきます。これらの本を通して、ぼくは自分がいかに小物であるかを実感することができました。最後は洋書ですが、どれも平易で読みやすい本なのでぜひ手に取ってみてください。

・岡本太郎『自分の中に毒を持て』
・梅原大吾『勝ち続ける意志力』
・為末大『走る哲学』
・坂爪真吾『セックス・ヘルパーの尋常ならざる情熱』
・山口絵里子『裸でも生きる――25歳女性起業家の号泣戦記』
・ジョン・ウッド『マイクロソフトでは出会えなかった天職』
・Seth Godin『Linchpin: Are You Indispensable?』(洋書)

6 NPO活動に関わる

前述の通り、一般的にNPO(非営利組織)は社会のさまざまな問題を解決するために存在しています。そのためNPOで働く人々、NPOのリーダーは問題解決志向が強く、彼らからは「問題意識をもって働く」ことについてヒントを貰うことができます。

ボランティア、プロボノなどを通してNPOに関わることで、「問題意識をもって働く」ことを知ることができ、働くことに関する価値観はガラッと変わるかもしれません。少なくともぼく自身はそうでした。

自分にあったボランティア求人を見つけることも、今では簡単になりつつあります。たとえば「コラボル（collavol.com）」を見れば、数時間単位、オンラインのみでできる求人を詳細な情報つきで探すことができます。ソーシャルメディア活用のアドバイス、パンフレットの作成、翻訳、イベントの手伝いなど、さまざまな機会が提供されているので、ぜひ一度アクセスしてみてください。

被災地でのボランティア情報を知りたい方にはＹａｈｏｏ！が提供する「現地発 最新ボランティア情報（sinsai.yahoo.co.jp）」というコーナーがおすすめです。非常に高い更新頻度で、さまざまな団体のボランティア情報、ボランティアツアーの実施情報が発信されています。

さまざまな社会的な課題に対して「これはおかしい！」という当事者意識をもち、本気でタックルしている人たちに関わることは、とても刺激的な体験になると思います。「ボランティアって宗教っぽい」「なんかうさんくさいな」と感じる方は少なくないと思いますが、キャリアを広げる選択肢としてぜひ自分の生活に取り入れてみることをおすすめします。ネット上でしっかりと情報公開をしている団体なら、変なことに巻き込まれることはそうそうありません。

7「これからの○○」を考える

これまでとは少し違った切り口ですが、「これからの○○」というフォーマットで、さまざまなものごとの未来について考えてみるのも、キャリア開発の面白いアプローチとなりえるでしょう。

考えるテーマはさまざまなものがありますが、みなさんが情熱を傾けていたり、多くの知識を持っているものがやりやすいかもしれません。

たとえばパン作りが趣味だとして、「これからのパン作り」がどうなるかを考えてみましょう。ホームベーカリーの普及、低価格化により、今よりも多くの人たちが「自宅でパンを焼く」という体験をするようになるでしょう。実際にホームベーカリーの普及率は年々高まっており、報道によっては既に世帯普及率で20％を超えているという話もあります。普及率の向上に合わせるようにして、インターネット上の「パン作りコミュニティ」は活性化していくでしょう。クックパッドのようなサイトに投稿されるレシピの数は増え、日本中でたくさんの人たちが最高のパンを作る方法を模索するようになります。

一部の熱狂的なパン作りファンたちは、自宅の環境では満足できなくなってくるでしょう。より美味しいパンを作るために、彼らは町のパン屋さんにあるような、本格的な環境に憧れを抱くようになります。

この憧れが一定のしきい値を超えたとき、「町のパン屋さんのオープン化現象」が起こるとぼくは予想します。町のパン屋さんが休業日、閉店後の時間などを使って、熱狂的なパン作りファンたちに店舗の設備を有料で貸し出すようになる、という未来です。オープン化されたパン屋は、リアルなコミュニティにもなっていきます。休店日や閉店後に、パン好きの人たちとその家族・友人が集い、「オフ会」のような密度の高い交流が生まれるはずです。

問題意識という観点で語れば、現状には「パン作りファンたちが十分につながることができていない」「熱心なパン作りマニアたちが、本格的な設備を利用できていない」という課題が存在するとも表現できます。

みなさんがもしパン好きで、こうした課題に強い当事者意識を抱くのなら、「パン屋のオープン化コンサルティング事業」などを展開してみてもよいでしょう。いきなり会社を辞めるのは大きな冒険なので、休日の時間を使い、友人たちと試験的にはじめるのが理想的です。まずは近所のパン屋さんに行って「お金は出すので、閉店後に2時間だけ設備を貸していただけませんか？」と頼み込んでみましょう。ここからみなさんの新しいキャリアがはじまるかもしれません。

「これからのパン作り」は、一例にすぎません。みなさんが情熱を傾けていること、みなさんの仕事、日本社会の「これから」を予想してみることで、歩むべきキャリアのヒントが得られると思います。ぼくの場合はブログ運営が趣味なので、毎日のように「これからのブログ」について考えを巡らせています。この本に出会ったのも何かのきっかけだと思いますので、ぜひ思考実験に取り組んでみてください。

8 とにかく行動してみる

最後は身もふたもないアドバイスですが、自分なりのキャリアを見つけるもっとも効率的な方法は、とにかく動き回ってみることなのかもしれません。周囲のビジネスパーソンを見ていても、問題意識に根ざした仕事をしている人は、みなさん行動力が圧倒的だったりします。

とはいえ、人間はなまけものですから、たとえば「異業種の人と会おう」「本を読もう」「英会話を勉強しよう」などなど、何か行動をしようと思ったとき、つい億劫になって先延ばしにしてしまうものです。

ぼくも当然そんな人間のひとりです。人はつい「やりたくない」理由を探してしまうもので、英会話が苦手なぼくは、未だに「まぁ仕事で英会話を使うことは滅多にないからな」と開き直ってしまいます。心の中では、「仕事で英会話を使う機会がない」のではなく、「英会話ができないから、そういう仕事をする機会が訪れない」ことにもうっすら気づいているというのに……。

そんなとき、ぼくは自分の心の中にある「行動のハードル」をイメージします。このハードルが高すぎるから、高い気がするから、ぼくたちは前に進む気がしないのです。

「行動のハードル」を前にしたとき、ぼくはとりあえず跳び越えられなくてもいいので、えいやっと立ち向かってみようと努力します。これまでの経験でいえば、失敗することはあれど、99％そのジャンプを後悔することはありません。

そういう経験を繰り返していくと、不思議と「行動のハードル」は徐々に下がっていくものです。自分に跳ぶための筋力がつくこと、ハードルの実際の高さを正確に認識できるようになることが関係しているのでしょう。昔はあんなに嫌だったのに、いつの間にかできるようになっている、ということはみなさんも経験したことがあると思います。

ぼくたちの人生において、「やるべきこと」「やった方がよさそうなこと」は、既に明示されているものです。この本でも、たくさんのアクションを提案しています。

「行動のハードル」は徐々に下がっていくものなので、最初は辛くても、面倒でも、ぜひ思い

SHAREFUN

切りをもって挑戦してみるとよいと思います。自分なりの課題を見つけるためには、机の上で本を読むのもいいのですが、とにかく行動していくことの方が効率的です。

「ふんどし」で起業した中川ケイジさん

ぼくが心から応援している起業家のひとりの中川ケイジさんの「起業にいたるストーリー」は、問題意識の抱き方について参考になるエッセンスを提供してくれます。

中川ケイジさんは、「日本ふんどし協会」の代表理事で、オシャレなふんどし「SHAREFUN（シャレフン sharefun.jp）」を販売する有限会社プラスチャーミングの代表を務めている方です。……そうです、ふんどし、あの「ふんどし」です。中川さんはふんどしを売るために起業したという、とっても特殊な？起業家です。

中川さんはもともとは美容師、そののち上場企業の取締役を経て、35歳のときにプラスチャーミングを設立しています。これだけ読むと、まったくよくわからないキャリアです。読者のみなさんが気になるのは、いったい中川さんがどのようにして「ふんどし」に出会い、起業を決意したのかという話だと思います。

中川さんがふんどしと出会ったきっかけは、運命的なものです。彼が仕事で体調を崩して休んでいたときに、たまたま知人から「ふんどしっていいんだよ！　騙されたと思って一度締めてみるといいよ」と勧められ、本当に「騙されたと思って」締めてみたところ、その快適さに感動した、というのです。男女の出会いでいうなら、友人に女性を紹介され、会ってみたら一瞬で一目惚れしてしまった、という感じでしょうか。

ふんどしの魅力に気づいた中川さんは、「マイふんどし」を買おうとネットを検索してみました。すると、出てくるのは「赤ふん」と呼ばれる真っ赤なふんどしや、真っ白なふんどしばかり。ふんどしは日常的な肌着というより、祭礼におけるコスチュームのひとつでしかなかったわけです。

「ふんどしは快適ですばらしいのに……。もっとオシャレなふんどしがあればなぁ」と思った中川さん。このひらめきを休職中に練りに練り、最終的に「オシャレなふんどし」を販売するプラスチャーミングの立ち上げに至りました。

商品は順調に売れゆきを伸ばしており、特に退職祝い、還暦祝いなどのギフトとして人気を博しているそうです（「ふんどしを締めなおして頑張ってください」というわけです）。メディアの注目度は非常に高く、これまでもテレビ、ラジオ、雑誌など、さまざまな媒体で紹介されています。

実はぼく自身もふんどしユーザーですが、通気性が良いので夏には最適。特に寝間着にいいですね。腰回りの締め付けがゴムより弱いため、血行もよくなるそうです。冷えに悩む女性にもおすすめなんだそうですよ。……と、思わずふんどしのセールスマンになってしまうくらいのよい製品です。

中川さんの目標は「ユニクロにふんどしが並ぶ世界をつくること」です。「ふんどしには日本を元気にする力がある」と本気で信じる中川さんは、ふんどしで世の中の課題を解決しようとしているのです。

ぼくが感動するのは、休職中の偶然の出会いがきっかけで、まったくの未経験の領域（しかも「ふんどし」業界）に飛び込んでしまったという破天荒なストーリー。人間、何が起こるかなんて本当にわからないのだと、中川さんの躍進をニュースで知るたびに思います。

問題意識は人それぞれ

あらためて強調しておくと、問題意識は人それぞれです。個人の体験、生育環境、所有するスキルによって、問題意識は変化するものです。みなさんが抱く問題意識は、基本的に自分だけのオリジナルなものとなるでしょう。読者のみなさんの中に「ふんどしを世の中に広めたい！」と前々から思っていた方は恐らくいないでしょう。

もちろん、だれかが抱いている問題意識と同じものを、みなさんが持つようになることもあります。たとえば、本書で取り上げたシュアールの大木さん、ふんどし協会の中川さんのエピソードを聞き、「自分も応援したい！」と思ってくれた方がいるかもしれません。第三者の問題意識に共感するということですね。

職業やスキルが近いと、問題意識も近くなる傾向があると思います。たとえば、メディア関係の仕事をしている人には、ぼくと同じような「埋もれている価値ある情報を伝えたい」というミッションを胸の内に秘めている人が少なからずいます。また、中小企業の支援をしている経営コンサルタントの方々は、「日本の優れた中小企業をもっと輝かせたい」という共通した意識をもっていたりするものです。

それでも、問題意識というものは、根本的にはあくまで自分の所有物です。だれかと共有することがあっても、それはたまたま、その人が同じものを持っていたという程度の話です。だれかの問題意識を参考にすることはあっても、それをそのまま借りることはできません。みなさん一人ひとりが腹の底から「この問題を解決したい」と思えてはじめて、「問題意識を抱いた」といえるのだと思います。

自分に責任がない問題を引き取っていく

問題意識をもつということは、本来は自分に責任がないはずの社会の問題を「自分ごと」として捉え、解決に取り組むことです。

たとえばぼくは「埋もれている価値ある情報を伝えたい」と考えているわけですが、「価値ある情報が埋もれている」という現状に対して、ぼくは何がしかの責任を負っているわけではありません。常識的に考えれば、「価値ある情報が埋もれている」からといって、ぼくのことを「お前のせいだ！」と責める人はいない、ということです。同じように「ふんどしが世の中に広がっていない」ことは、だれの責任でもありません。

でも、ぼくは「価値ある情報が埋もれている」という状況を、（だれから頼まれたわけでもないのに）自分が解決すべきだと考えていますし、解決していくことに楽しさも見いだしています。中川さんも、大木さんも、合理的に考えれば、彼らが本来取る必要がない責任を、自ら望んで引き取り、解決に向けて行動しています。これが問題意識をもつということの本質だとぼくは考えています。

だれかが何かの失敗をしたさいに、「それは自己責任だ」という非難をよく耳にします。たとえばパチンコにハマって借金を背負って生活保護を受けることになった、大学の授業料が払えなくなって退学せざるをえなくなって今はニートをしている、仕事を頑張りすぎてうつ病になってしまった、などなど。

こうしただれかの困りごとを「それは自己責任だ」と非難することは、ほとんど脳みそを動かさないでも言葉が出るくらいに、簡単なことです。

問題意識を持つということは、こうした「自己責任」で片づけられてしまいがちな問題の解決を、一人ひとりがこの手で引き取っていくことでもあります。

だれかがニートになっている、だれかがパチンコにハマって生活保護を受けている、だれかが頑張りすぎてうつ病になっている、こうした現状について、「彼らが今困っているのは、彼ら自身だけではなく、わたしにも責任がある」と考え、行動していくことが、「問題意識を持って働く」ということなのです。

こうした人材が日本じゅうにあふれるようになれば、日本の未来はまちがいなく明るいものとなるでしょう。ぼくはそんな未来が必要だと思うので、やはり勝手に当事者意識をもって、こういう本を書いているわけです。「問題意識をもっている人が少なすぎる」というのが、この本に通底する隠れた問題意識です。

問題意識はあるけど、解決策が見つからない場合

みなさんが発見した問題によっては、容易に解決策が見つからない場合も往々にしてあります。

たとえば「高齢者がパソコンを使えていないのは問題だ。世代間のデジタルデバイドを解決したい！」とみなさんが願ったとして、効果的かつ具体的な解決策が思い浮かばないというケースです。

「地道にパソコン教室を開いて啓蒙する」というのもひとつの手段ですが、これでは変化はそう簡単に進みません。「高齢者でも使いやすい端末とソフトウェアを開発する」というアプローチもありえますが、エンジニアでもなければ、すぐに実行できるわけでもありません。

こういう場合は、問題の立て方を少し変えてみると、新しい切り口が見えることがあります。「パソコンが使えないのが問題」という問題意識は、もう一段階掘り下げることができます。

「パソコンが使えないのが問題」という主張の裏には、「パソコンが使えないことで、①誤った情報を得てしまう、②最新の情報を得られない、③遠く離れて住む家族とのコミュニケーションが希薄になる、という問題が隠されているでしょう。「パソコンが使えないのが問題」と語る人は、より細かく見れば、実はこの3つの課題を解決したがっている可能性があります。

このようにブレークダウンすると、解決策をよりクリアに導きだすことができます。

たとえば①と②を解決するために、コミュニティFMを立ち上げ、高齢者にもなじみ深いラジオという手段で情報を伝えてみてもいいかもしれません。これならデジタルデバイドは、そもそも問題になりません。

③の問題に関しては、たとえば高齢者向け製品（グルコサミン配合サプリなど）をあつかう企業とタイアップをして、「郵便切手がすでに貼られたメッセージ付きハガキ」を街で配ってみる、なんて案はどうでしょうか。

ハガキには「あなたの親に近況を報告しよう！」というメッセージと企業のロゴが印刷されています。ハガキを街で受け取った人は、自分の親へのメッセージと住所を書き込み、郵便ポストに投函します。

こうして親のもとに子どもや孫からの手書きのメッセージが届けられます。手紙をよく見てみると、さり気なく企業ロゴが印刷されています。この小さなロゴを通して、高齢者は企業の存在を知ることになり、企業は認知の拡大を図ることができます。

……もちろんこれらはあくまでジャストアイデアなので、実現のためには一定の困難が伴うでしょう。しかし、当初の「地道にパソコン教室を開いて啓蒙する」「高齢者でも使いやすい端末とソフトウェアを開発する」に比べると、より現実的かつ効果的な解決策になっていると思います。

少し話はそれますが、特に③の企業とタイアップをする企画は、活動にあたっての金銭的な問題を解決できる可能性があるのもポイントです。

先に提示した「コミュニティFM」のような非営利性の強い解決策は、場合によっては持続可能ではありません。身近なところでは、ぼくが住んでいる多摩市のコミュニティFMも、運営終了となりました。なんでも累積赤字が4500万円を超えていたそうで……。

解決策のなかに企業の存在を取り込み、その結果、企業に「これは儲かる（自社の利益になる）」と判断してもらえれば、その活動は継続性を保つことができるでしょう。先の手紙のアイデアの場合、もし本当に効果があるのなら、企業は喜んで来年以降も企画を実施するはずです。

お金の問題は言うまでもなく大きいです。課題解決のアイデアを練る際には、企業のもっている力を取り込めないか、ぜひ検討してみてください。

テクノロジーは解決策になりえる

もうひとつ、視点として押さえておきたいのは「テクノロジーが解決策になる」可能性があることです。テクノロジーの進化によって、今までは解決が困難だった課題も、容易に解決できるようになっているのです。

先に挙げた、シュアールの遠隔手話通訳サービス「テルテルコンシェルジュ」はその一例でしょう。これは高速通信と高性能なデバイスが安価になったことによって、成立しているサービスです。20年前に同じアイデアを思いついたとしても、その実現には膨大なコストがかかっていたはずです。

テクノロジーといえば、個人的に衝撃を受けた体験があります。

医療分野の支援を行うあるNGOが、「小児がんの子どもたちをディズニーランドに連れて行く」という取り組みを行っています。小児がんに罹患した子どもたちは、衛生上の都合で隔離されていることも少なくないそうです。そのため、「親子のコミュニケーションもままならないまま子どもが亡くなってしまい、悲しい記憶しか残らない」という現状があるのです。

そのNGOは、そうした子どもたちと家族たちのケアとして、ディズニーランドでの楽しい思い出を提供する取り組みを行っています。

ご家族によっては、そのディズニーランド旅行が「子どもとの最期の思い出」になることもあるそうですが、その旅は家族にとって最良の思い出として心に残るそうです。「愛する子どもの死」を少なからず意識した、シビアで悲しい取り組みですが、僕はこの活動にとても感銘を受けました。

しかし、IT業界で仕事をするぼくにとっては、この「親子のコミュニケーションがとれず、よい思い出が残らない」という問題に対しては、もう少し違った解決策もあるように思えるのも事実です。

つまり、衛生上の都合で隔離されてしまったのなら、携帯電話でもiPadでも、通信技術を使って「遠隔お見舞い」をすればいいんじゃないの?と反射的に思ってしまったのです。そうしたソリューションがあれば、親子間のコミュニケーションはより活発になるはずです。

医学部に通う大学生の友人に話を聞いてみたところ、「遠隔お見舞い」は技術的な問題というより、現場での負担が課題になって、導入が進んでいないのではないか、とのことでした。技術的にはそうしたサービスはつくることはできても、また患者のニーズがあっても、医師や看護師の負担を考えると、導入できるほどの余裕が現場にないそうです。

彼の言うように、実際に社会に「遠隔お見舞い」が浸透するためには、さまざまな課題があるのかもしれません。しかし、これは潜在的に困っている人が多い課題だと思われるので、本気のプレーヤーが登場すれば、世の中はすぐに変わるのではないかとも思います。

ぼく自身、もし自分の妻子が難病にかかり、対面でのお見舞いが難しいとなれば、病院と交渉をするなり、ソフトウェアを開発するなり、なんとかして「遠隔お見舞い」を実現させる努力をするはずです。自分が困っているわけですから、自分が動かないといけません。

もう少し考えれば、「遠隔お見舞い」はビジネスとしても有望であることがわかります。自分の大切な家族と連絡を取ることができるのなら、相応の利用料を負担することには抵抗ないはずです。交通費や手間を考えると、1分25円（1時間あたり1500円）といった価格なら、多くの人が支払うでしょう。

1回あたりの平均利用時間が20分（500円／回）、毎日の利用者数が5000人ならば、1日250万円、月に7500万円、年間9億円の売上になります。取らぬ狸のなんとやらではありますが、この規模にまでいかなくとも、数名の社員を養うくらいのビジネスには比較的容易になりえるのではないでしょうか。

話が長くなりましたが、たとえば「遠隔お見舞い」のように、テクノロジーを用いれば、いままで解決できなかったような課題に対しても、違う切り口からソリューションを生み出すことができる可能性があります。そして、新しいビジネスすらも生み出すことができるかもしれないのです。

エンジニア、デジタルネイティブの力を借りよう

課題の解決策を考えるときは、テクノロジーの観点はいまや「必須」だとぼくは思います。最新のテクノロジーを使った解決策を模索するためには、当然ながら、それなりのＩＴリテラシーが求められます。ＩＴに疎い方は、たとえばぼくのような、テクノロジーに詳しい人の知識を借りるのがよいでしょう。

海外では、社会問題の専門家とエンジニアが集まり、ディスカッションを通して、テクノロジーを活用した解決策をつくりだす、といった取り組みが行われています。水問題の解決策を考え出す「Water Hackathon」、自閉症にまつわる課題を解決する「Autism Hackathon」などがその一例です。日本でいえば、たとえば被災地の課題に詳しい行政のスタッフと、渋谷で活躍するＩＴエンジニアが一緒に被災地の問題を解決する方法を模索する、というイメージですね。

被災地といえば、「ルームドナー（roomdonor.jp）」というウェブサービスも、テクノロジーによる社会課題解決の、印象的な事例です。こちらは震災の約一週間後につくられたサービスで、避難せざるをえなくなった人たちに、自分の家の部屋を無償で貸し出すことができるサイ

トです。たとえば、ぼくの家にも部屋のスペースがちょっと余っているのですが、ルームドナーに登録すると、家に困った被災者をそこのスペースに受け入れることができるわけです。

震災から時間が経ち、ニーズもなくなったため現在このサービスは終了しているのですが、最終的に80組、200名以上の被災者のマッチングを実現しました。震災の際にはこれ以外にもさまざまなサービスが立ち上がりましたが、ルームドナーはもっとも大きな成果を残した取り組みのひとつです。

さらに、このサービス、驚くべきことに当時20歳の学生がつくったのです。20歳の学生が1週間でつくったサービスが、200人以上の被災者に家を提供した。インターネットを使わず、アナログな方法でこのマッチングを実現しようとしたら、尨大な人手がかかったのではないでしょうか。テクノロジーに長けた「デジタルネイティブ」世代の強みをひしひしと感じさせる事例です。

ITに詳しくない方が、ゼロから知識を習得するのはやはり非効率でしょう。テクノロジーを活用した解決策を模索したいときは、ITリテラシーの高い人たちの頭脳や手を借りるのが効率的です。多様な才能を巻き込み、革新的な解決方法をぜひ探求してみてください。

ブログタイトルを変えたら仲間が集まってきた

ここまで問題意識を抱くメリットや、問題意識を抱くアプローチ、解決策のつくりかたについて紹介してきました。本章の最後に、問題意識を持つことのもっとも大きなメリットについて考えてみましょう。

みなさんは「リーダーシップ」を発揮した経験ってありますか？——これ、就職の面接でよく聞かれますよね。ぼくは適当に「サークルで打楽器パートのリーダーを務め、後輩を指導していました」とかぼそぼそと答弁していました。いちおうそれは事実ですが、「自分はリーダータイプではないけどなぁ」と、何だか自分でも違和感を抱いていたことを覚えています。

さて、問題意識を持つことの、もっとも素晴らしい効能が、そこにリーダーシップが発生することです。「リーダーシップなんてないよ」と謙遜する方もいらっしゃると思いますが、そういう個人の性格的な話は関係ありません。

リーダーシップというのは意識的に身につけるものではなく、自然発生的に生じてくるものです。一度もリーダーになったことがない人でさえ、問題意識さえ抱き、それを発信すれば、その人はすぐにリーダーシップを帯びることになるでしょう。

この話は体感的に、少しわかりにくいかもしれません。ぼくの体験を振り返って、実例でお話しさせてください。

独立したばかりの2011年4月、ぼくはブログのタイトルを「ソーシャルウェブが拓く未来」から「NPOにマーケティングの力を！」に変更しました。会社を辞めた大きな理由は、NPO支援に取り組みたかったからです。ささいなことではありますが、ブログタイトルというかたちで、「NPOがマーケティングの力を活用できていないのはおかしい。ぼくはそれを解決してやるぞ」と宣言したわけです。

タイトル変更にはそれ以上の意味はなかったのですが、変更から数日たって、数名の方々から突然、問い合わせのメールがやってきました。

連絡をくれた数名のうちのひとりは、CSR（企業の社会的責任）活動の一環としてNPOのマーケティング支援を行っている、ある有名企業の担当者の方でした。彼はぼくのブログのタイトルをみて、「うちと一緒に何かやりませんか？」と連絡をくださったのです。

さらにもう一件、大手マーケティング会社に勤める方からも「私もNPOのマーケティング支援に取り組んでいます。一度お話ししませんか？」というメッセージが届き、他にもNPOでインターンをしている大学生の方から、「私もNPOマーケティングの支援は重要だと思います！　一緒に何かやりたいです」と共感のことばをいただきました。

ブログのタイトルを変えただけで、数名ではありますが、続々と似た問題意識をもつ「仲間」

が集まってきたことに、ぼくは感銘を受けました。

問題意識があれば、リーダーシップが生まれる

同時に、これは「リーダーシップ」の発生そのものであることにも気づきました。「これはおかしい！」という旗を立てたぼくのもとに、自発的に仲間たちが集まってきた。頼んでもいないのに、一緒に何かやりたいと言ってくれた——つまり、ぼくは図らずも、人を惹きつけ、動かすことに成功したわけです。

「リーダーシップのある人」というと、ぼくたちはつい「あれこれと指示を出すのがうまい人」という人物像を想像してしまいます。しかし、本当にリーダーシップのある人というのは、仲間たちの自発性に火をつけ、「指示を出さずに」人を動かすことができる存在です。「おれのいうことをきけ！」と権威をちらつかせる人や、高年収を条件にお金で人を縛ろうとする人は、本当の意味でリーダーとはいえないのです。

権威やお金で人を縛ることがむずかしい非営利組織においては、「本当のリーダー」と呼べる人たちが多数活躍しています。

たとえば、ぼくが支援しているNGO団体の「PLAS (plas-aids.org)」代表の門田瑠衣子さん。

PLAS

ＰＬＡＳは２００５年に設立された団体で、アフリカはウガンダ、ケニアでエイズで親を失った子どもたちの支援に取り組んでいる、若手中心のＮＧＯです。

そんなＰＬＡＳのスタッフは、有給・無給問わず、たいへん高いモチベーションで仕事に取り組んでいるのですが、あるときマネジメントの秘訣について代表の門田さんにたずねると「うーん、わたしは何もしていないんだけど、みんな勝手にやってくれるんだよね」と、さらっと言ってくれました。何もしていないのに、勝手に動いてくれる。ちょうど仕事で人の動かし方に悩んでいたぼくは、目から鱗が落ちる思いがしました。これは究極のリーダーシップです。

ソーシャルネットワークは、こうしたタイプのリーダーにとっては、最高のツールとなります。ぼくが経験したように、「この問題を解決したい！」とオンライン上で語るだけで、世界中から共感者を集めることができるからです。

ソーシャルネットワークの登場以前には、自分の問題意識に共感する人を集めるためには、演説台の上に立ち「私には夢がある」と語る必要があったかもしれません。それも何度も繰り返し、さまざまな場所で。これはとても大変なことです。

でもいまは、デジタルの世界で「旗を立てる」ことができるようになったのです。小さな事例ではありますが、ぼくはブログのタイトルを変更しただけで、仲間を集めることができました。

いまこの時代に生きていて、デジタルな方法で「旗を立て」ないのは、たいへんもったいないと思います。「ラーメン食べてるなう」とつぶやくのもいいですが、ぜひ勇気を出して、「この問題を解決したい！」と高らかに宣言してみましょう。組織の枠を超えて、仲間たちが集まってくるはずです。

次の章では、本書のタイトルでもある、この「旗を立てる」という生き方・働き方について具体的な検討を加えていきます。みなさんが枠を超え、一歩を踏み出すきっかけとなれば幸いです。

第三章のまとめ

問題意識を見つける方法は、次の8つです。

1　専門家としてのスキルを身につける
2　日々の「これ、ありえない！」を大切にする
3　自分の過去を振り返る
4　他人と関わる
5　本を読む
6　NPO活動に関わる
7　「これからの〇〇」を考える
8　とにかく行動してみる

最後の「とにかく行動してみる」はなんとも身もふたもないアドバイスですが、実際、問題意識は机の上で本を読んでいても発見できるものではないと思います。人と会うにせよ、イベントに参加するにせよ、ボランティアをするにせよ、行動のハードルを意識的に下げ、ぜひア

クションを起こしてみてください。

「ふんどし」と問題意識を紐づけた中川さんのように、世の中には多様な問題意識と解決策がありえます。みなさんが抱く問題意識は、みなさん固有のものです。極論、他人は関係ありません。自分が「わたしはこれを解決したい！」と納得することが大切です。

問題意識は抱いたけど解決策が見つからない、という場合は、問題をブレークダウンしたり、視点を変えてみたりすると、活路が拓けるかもしれません。

また、解決策のなかに最新のテクノロジーを取り入れることが、解決スピードを加速させるための重要なポイントになることも覚えておきましょう。

問題意識を持ち、それを世界へ発信するということは、すなわちリーダーになるということです。ソーシャルネットワークを活用し、みなさんが問題意識の旗を立てれば、必ずや、みなさんの問題意識に共感する人たちが現れます。組織の枠を超えて自発的に集まってくる仲間たちとともに、いざ、問題の解決に動き出しましょう。

第四章
さあ、自分の旗を立てよう

自分なりの問題意識を見つけるというのは、あくまでキャリアにおけるステップ・ワンです。次のステップは、自分の想いを表明し、外の世界とつながりを持つことです。ここで良質なつながりが芽生えれば、みなさんが志す問題解決は、実現へと一歩近づいていくことでしょう。

本章で提示するアクションには、従来のキャリアとの大きな隔たりがあります。とても新しいアプローチ、新しい技術を紹介していきます。

デジタルツールを使って「旗を立てる」

普通に会社員として働き、上司から言われるがままに仕事をしているだけなら、自分の想いを表明する機会はありません。熱い想い、問題意識を語るなんて青臭いことは、社内では迷惑がられるのがオチでしょう。

報われない努力をするくらいなら、おとなしく言うことを聞いていたほうが楽です。黙って働いていても、とりあえず月給は入ってくるわけですから。

しかし、この時代にあって、こういう楽な生き方は、長い目で見ると自分のクビを締めるような選択です。黙って働いていれば給料がもらえるオアシスで飼い馴らされた羊は、もしオアシスが崩壊したとき、外で生き延びることはできないでしょう。

ぼく自身、最初に入社した会社はいま経営危機に陥っています。あのとき自分を甘やかし、会社にいつづけていたら、こうしてみなさんに何かを語りかけることもできないままだったでしょう。

「言われたことをこなしているだけ」の受動的な生き方を変えるのが、本書で提示する「旗を立てる」というアクションです。「これはおかしい！」という想いを表明、仲間と一緒に、社会をポジティブな方向に変化させようという生き方です。

とてもマッチョで、夢物語のようなことを語っていると、ぼくは自覚しています。が、今はこういう青臭い夢を、この手で叶えることができる時代だということも、ぼくは確信しています。

ぼくたちの手にはソーシャルネットワークという素晴らしい道具があります。フェイスブック、ツイッター、ブログ、ユーストリームなどなどのツールを使えば、世界中の共感者たちと、容易につながりを持つことができます。せっかくこの時代に生きているのだから、新たなデジタルツールの可能性を模索しましょう。

本章では、少しテクニカルですが、みなさんがどのようにしてオンライン／オフラインで想いを発信していくべきか、その実践的な方法を解説していきたいと思います。ライター、マーケターとしてキャリアを積んできたぼくのノウハウ、知識を共有させていただきます。

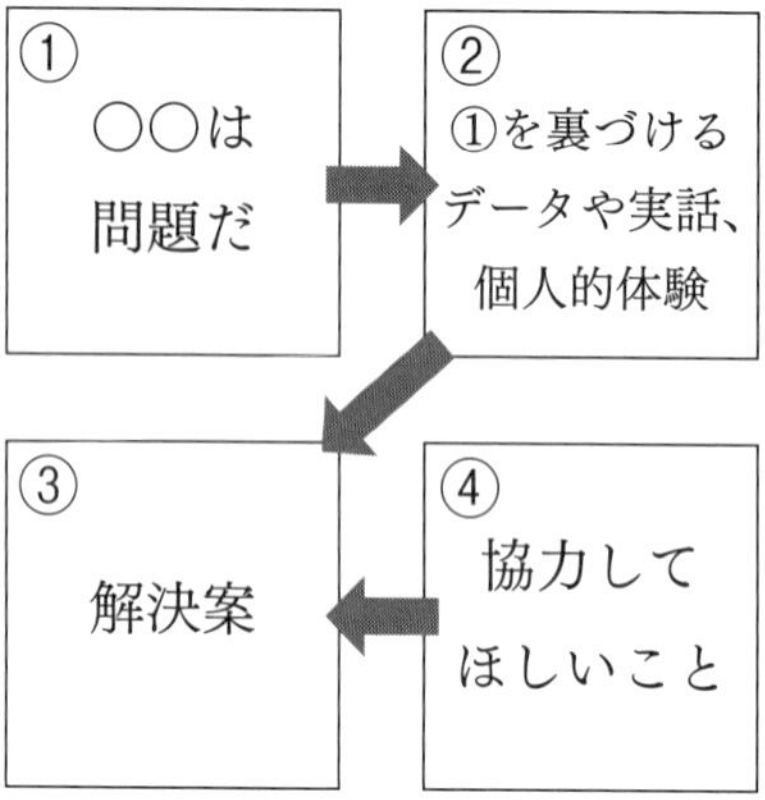

企画書を作るためのテンプレート

企画書を作る

世界に情報を発信する上で、まずおすすめしたいのは「企画書」の作成です。

みなさんがどういう想いを抱き、どんな問題を解決しようとしているのか、さらに、できれば今現在「どのように解決しようとしているのか」。それをパワーポイント、Keynoteといったソフトでプレゼン資料の体裁にまとめてみましょう。ばくぜんとした自分の想いを言葉にしたり、ビジュアルに直すことで、自分の計画の穴や、オリジナルな部分が見えてくるはずです。

「会社のこともあるし、人と一緒に何かやるにはまだ早い」「自分が何かを発表するなんてちょっと怖い」「問題意識はそこまで固まってないよ」という方も、騙されたと思ってまずは企画書のかたちにしてみましょう。自分の考えや問題意識について見直す、よいきっかけになるはずです。

……とはいえ、いきなり企画書をつくってみてください、といわれても普通は手が動かないでしょう。標準的なテンプレートを用意したので、これに沿って考えてみてください。

①まずは問題を語る

スライドの一枚目は、みなさんが問題だと感じることを端的に書きましょう。シューカツがおかしいと思うなら「シューカツっておかしい」、学費が高すぎると思うなら「学費が高すぎる」、うつ病にかかる人が多すぎると思うのなら「うつ病が広がっている」が、一枚目に当てはまる内容です。

一枚目で自己紹介をしたくなる気持ちはわかりますが、ここでは自己紹介はすっ飛ばしましょう。まずは問題を指摘し、みなさんが何に挑戦しようとしているかを表明するのです。それが最高の自己紹介になります。うまくいけば、この一枚目だけで人の共感を得ることもできるでしょう。

人は自分と同じ問題意識をもっている人に対して、瞬時に共感を示すことがあります。たとえばぼくは「ＮＰＯがソーシャルメディアを活用できていないのは問題だ」と語る人に対して、「自分と同じことを考えている！」と驚き、その瞬間に共感を抱いてしまいます。共感を集めることを考えると、まずは問題から語るのが、もっともスマートな方法です。

②裏づけを語る

次に、みなさんの問題意識を裏づける情報を提供しましょう。ここはデータでも、第三者が経験した話でも、みなさんの個人的な話でもよいでしょう。

たとえば「価値ある情報が世の中に埋もれているのは問題だ」と語るぼくの場合は、「これまで、自分が紹介することで転機が訪れた製品・サービスが数多くあった。たとえば以前書いたNPOの紹介記事は、1万人弱の人に読まれ、その記事がきっかけで、彼らの活動が新聞や雑誌で紹介されることになった。世の中にはこうして、価値ある情報が多数埋もれているのです」……と、実体験をまじえて紹介するのがわかりやすいでしょう。

個人的な体験に加えて、各種のデータやアンケートを紹介すると、なお説得力が高まるものです。たとえば「学費が高すぎる」という問題提起を行いたい人は、「奨学金が重い負担となり、困窮している若い世代が○○万人いる」「アンケートを行ったところ、学生の○○%、親の○○%は学費が高すぎると感じている」といった情報を紹介すると、説得力が高まり、共感してくれる人を増やすことができます。

ハブチャリ

ホームドア

③解決案を語る、できればワクワクさせるものを

三枚目のスライドには、みなさんが指摘する問題の「解決案」を書いてみましょう。ここは、どこまでいっても、あくまで「案」にすぎません。共感さえ集めることができれば、解決案は彼らと一緒にブラッシュアップしていくことができるので、みなさんが完ぺきなものを用意する必要はありません。

できれば、この解決策は、だれかが見て思わず「なるほど！」となったり、自然とワクワクさせられるようなものが理想的です。

たとえば、大阪を拠点に活動するＮＰＯ「ホームドア（homedoor0.com）」が取り組む「ハブチャリ（hubchari.com）」などは、そうした「ワクワク」型の解決策の好例です。

ホームドアが「ハブチャリ」で解決しようとしているのは、ホームレス問題と放置自転車問題。ハブチャリは、修理した放置自転車をコミュニティでシェアする、カーシェアリングならぬシェアサイクル事業です。自転車を持っていない観光客などが、時間貸しでレンタルできるわけですね。単に便利なだけでなく、放置自転車の有効活用につながっているのです。

さらに、ハブチャリの拠点スタッフは、ホームレスをはじめとする失業者の方々に担ってもらいます。放置自転車を修理し、シェアサイクルビジネスを立ち上げ、雇用も生み出す、という実にクリエイティブな解決策です。これまでに約60名の生活保護受給者の方に、ハブチャリスタッフになってもらったそうです。

とはいえ、こういったクリエイティブな解決策が必ずしも用意できるわけではありませんし、絶対に用意すべきかというと、そういうわけでもありません。活動の中でいいアイデアと出会う可能性は十分にあるので、とりあえずは、クリエイティブな解決策は「あればいい」という程度で捉えておくのがよいでしょう。

また、実現困難な解決案を提示すると、見てくれた方が不安に思ってしまうので、あくまで現実的な案を示すようにしましょう。たとえば「学費が高すぎる」ことを問題視するなら、「みんなで一斉に学費を不払いにする」といった急進的な解決案ではなく、「署名を集める」「運営コストを下げるために、キャンパスの清掃や各種事務を学生がボランティアで行う」「外部のスピーカーを呼んだ寄付講座を増やす」といった、現実的でポジティブな解決案の方が望ましいでしょう。

旗を立てる際は、「問題の解決にあたって、当事者としてどんなコストを引き受け、どのように解決しようとしているのか」を語ることが大切です。

いいかえれば「学費が高いのは大学が悪いんだ！」と攻撃的に叫ぶだけでは不十分だということです。「自分たちは」学費を下げるために何をしようとしているのか、これを語らずに問題は解決しません。やるべきことは抗議や断罪ではなく、問題解決です。旗を立てる際には、そのことをぜひ忘れないようにしてください。

④協力してほしいことを伝える

最後におすすめしたいのが、協力してほしいこと、困っていることを提示することです。自分の弱みをさらけだすことに抵抗感を抱く方もいるかもしれませんが、「旗を立てる」上で、弱みの共有は大切なステップです。

ここでは、関与度に合わせて3つの協力願いを出しておくとよいでしょう。まずは、関与度が低くても協力できる選択肢をひとつ、たとえば「フェイスブックページにいいね！を押してください」などを提示します。次に、もう少し高いレベルのコミットメント、たとえば「ウェブサイトのデザインを変えたいので、ご協力ください」など。最後に、ちょっとわがままなお願いごと、たとえば「共感する方は寄付をしてくれると嬉しいです」といったことを伝えてみましょう。

協力願いはシンプルにひとつだけでもよいのですが、「松竹梅」「レベル1、2、3」と複数の選択肢を提示しておくと、アクションを取ってくれる確率は上がる傾向があります。これにかぎらず、他人の協力を仰ぐときにはぜひ意識してみてください。

これからのリーダーシップ

この4枚のスライドをみなさんが公開した瞬間、みなさんはリーダーになる第一歩を踏み出すことになります。メッセージがうまく伝われば、共感してくれる人たちが「一緒に何かやりませんか？」「手伝わせてください」と集まってきてくれるでしょう。

そうして人が集まったとき、つい「指示」を出したくなるかもしれません。たとえば「ありがとうございます！ では早速なんですが、○○の資料作成をお手伝い願えますか？」など。

しかし、たとえ人手が足りなく困っていても、ここではあえて指示を出さず、まずは彼らのやりたいことを聞き出すことが大切です。いきなり具体的な作業を依頼するのではなく、「ありがとうございます！ どんなかたちのご協力が可能ですか？」と、彼らの関与レベルと、希望する関与の方法を聞き出しましょう。具体的な作業をお願いするのは、そのあとにするべきです。

みなさんがいきなり指示を出してしまうと、関与してくれる人は「指示待ち人間」になってしまいがちです。自発性や創造性を発揮しようという気持ちは削がれます。こうしたマネジメントをつづけていては、いずれ協力者は「自分はしょせん駒にすぎない」と悟り、あなたのもとから去っていってしまうでしょう。

給料を支払っているのならそれでもいいですが、無償、または低賃金で協力してくれている人に対しては、「要望を詳しく聞かずに、まず指示を出す」タイプのマネジメントは機能しにくいでしょう。

「協力」という言葉のなかには、指示を出す・指示を受けるといった命令関係ではない、フラットな関係性がふくまれています。協力を仰ぐときは「相手は自分よりも優れた能力を持っている人間で、全面的に任せた方がうまくいく」と考えましょう。「行動するかどうか」の決定権はみなさんにあるのではなく、協力してくれる方が持っています。

多くの人が工場で働いていた時代には、リーダーはメンバーに対して、的確に指示を出すだけでよかったかもしれません。チャップリンの『モダンタイムス』のような時代の労働ですね。

しかし、身体ではなく脳みそを使う仕事が主流になった現代においては、リーダーは関与してくれるメンバーの創造性やモチベーションを、爆発させるような存在であるべきです。労働者がリーダーのいうことさえ聞いていればすべてがうまくいく、そんな時代はとうに終わっています。「あの人と一緒にいるとモチベーションが上がる」「あの人を見ていると協力したくなる」「あの人はいつも新しいアイデアをくれる」、周囲からそう評価される人が、これからのリーダーだとぼくは思います。

これからのリーダーとして、みなさんがやるべきことはシンプルです。適切な協力者を選び、あとは彼らを信頼するだけです。事細かに指示を出す必要はありません。

次世代のリーダーには、「この人にならお任せられる」と思える人を発見するための、「見る目」が必要ということです。間違っても、お金で協力者を縛ろうと思わないでください。むしろその逆、「お金を払わなくても、彼らは楽しんで協力してくれるか」を考え、そうした状況をつくるための努力をしましょう。

情報はシンプルに、わかりやすく

4枚のスライドで想いを語れ、と伝えられて「そんなに少なくていいの？」と心配になる方もいらっしゃるかもしれません。しかし、特にオンラインの場合、人はそんなに長くみなさんのことを見てくれるわけではありません。長々とした資料を作ってしまうと、かえってみなさんのことを理解してくれる人は少なくなってしまうでしょう。

ぼくもよくやってしまうのですが、自分の熱い想いがこもったことを紹介しようとすると、つい情報を盛り込みすぎてしまいます。「旗を立てる」企画資料の目的は、問題意識を共有し、共感者を集めることです。余分な言葉を減らし、最短距離で自分の想いを説明しましょう。

ぼくが人に伝えるための資料や文章をつくるときには、次のようなことに気をつけています。

・文字を減らし、フォントサイズを大きくする。プレゼンをする場合は30メートル先から見ても内容がわかるようにする
・解決策の素晴らしさからではなく、まずは問題から語る（「こんなにすばらしい解決策なんです！」ではなく、「みなさん、こういうことにお困りじゃないですか？」と語る）
・いくつか説明したいポイントがある場合は、「3つのポイント」にまとめる
・特別な説明が必要な専門用語や、独自の用語はなるべく使わない。見てくれている人がすでに知っている言葉を使う（たとえば……「〝フラッギング〟。つまり、旗を立てるということです」や「ソーシャルキャピタル。つまり信頼資本です」みたいな説明。何をいっているかよくわかりませんよね）

・具体的なエピソードを入れる（できれば自分自身が体験したもの）
・絵や図など、ビジュアルで説明する
・漢字とカタカナを減らし、ひらがなを可能なかぎり使う
・比喩を使う（「企画書をつくって公開するということは、たとえていうなら人が行き交う広場で、仲間集めのためにチラシくばりをするようなものです」など）
・可能であれば、意外性のあるデータを紹介する
・可能であれば、イラストを織り交ぜてマンガ風にしてみる

以上のことに注意をすれば、だいぶみなさんのメッセージは伝わりやすくなると思います。

プロでもないかぎりは完ぺきな資料をつくることは難しいので、身近な人に見せて、フィードバックをもらってみるのがよいでしょう（ぼくでよければフィードバックいたしますので、企画資料をつくった際にはお気軽にメールでご連絡ください）。

また、他のだれかがつくった良質な資料を見ることも、企画書づくりのセンスを磨くよい方法です。

オンラインで閲覧できる素晴らしい資料の例では、宣伝会議が主催する「販促会議賞」を2010年に受賞した「シークレット・メッセージ」というスライドが参考になるでしょう。検

索エンジンで「コカ・コーラ シークレット・メッセージ」と検索すれば、スライド資料が見つかるはずです。コカ・コーラの販促企画として応募されたこちらの作品、20秒もあれば読み終えてしまう10枚のスライド資料ですが、一瞬で「やられた！」と心を打たれること請け合いです。

伝わるメッセージ、伝えてもらえるメッセージ

何かを伝えるときに特に気をつけたいのは、「伝わるメッセージ」をつくるのは当然として、「伝えてもらえるメッセージ」をつくる努力をすることです。

「伝わるメッセージ」と「伝えてもらえるメッセージ」は似ているようで、大きなちがいがあります。

いくらオンラインツールが発達したとはいえ、みなさんが自らの口で直接メッセージを人に伝えていくことには、数としての限界があります。毎日プレゼンをして渡り歩くことは困難ですし、非効率です。

このとき、「伝えてもらえるメッセージ」をみなさんが用意することに成功すれば、みなさん以外のだれかが、みなさんの代わりにプレゼンをしてくれるようになります。

代弁者たちが増えていけば、みなさんの企画への協力者は自然と増えていくでしょう。いわゆる「クチコミ」というやつです。ツイッターやフェイスブック、職場や学校で「○○さんがこんなことを考えているらしいよ」と、噂になるような伝え方をしましょう。特に人手が足りない初期の段階においては、「伝えてもらえる」という観点は大切になります。

とはいえ、「伝えてもらえるメッセージ」をつくるのはそう簡単ではありません。高いレベルで共感をしてもらう必要がありますし、メッセージ自体もわかりやすいものである必要があります。

企画者であるみなさんが説明しにくいものを、他のだれかがうまく説明できるわけがありません。まずはだれもが理解でき、代わりに説明できるレベルまで、メッセージをまるくしましょう。ギザギザしているものを、まるいボールにするイメージです。

代弁者たちを生み出すための工夫は、さまざまなものが考えられます。

たとえば第二章で紹介した「Ｗｈｙ・Ｈｏｗ・Ｗｈａｔ」という円型のフレームワーク「ゴールデンサークル」を考案したサイモン・シネックは、この3つの円が刻印された「メダル」を名刺代わりにして、配り歩いているそうです。

これはとても賢いやり方で、メダルを配ることで世界中のファンたちが「サイモン・シネックって知ってる？　ゴールデンサークルって考え方を広めている人で……あ、これが本人からもらったメダルなんだけどね」と、自慢げにメダルを財布から出して、代わりに説明してくれるわけです。

もうひとつ例を挙げましょう。山林保護に取り組むあるＮＰＯ団体は、支援者の方々にラミネート加工をした、年老いた猿が印刷されたカードを配っています。

印刷されているのはまるでマンガに出てきそうな、威厳のある風格をした猿で、いわくこの猿は「保護対象となっている山林のボス的存在」だそうです。

サイモン・シネックのファンと同様に、この団体の支援者の方は「この猿、すごい風格ありませんか？　私たちが守ろうとしている山の守護神みたいな存在なんです。うちの団体は……」とカード片手に活動を説明できるわけですね。

伝えてもらうための工夫は、これ以外にもさまざまな方法があるはずです。まずはわかりやすいメッセージをつくることを心がけ、必要に応じて、たとえばメダルやカードなどの仕掛けを使って、みなさんのメッセージをうまく広げていきましょう。

企画書をオンライン空間にアップする

さて、シンプルな企画書が完成したら、さっそくオンライン空間にデータをアップしてみま

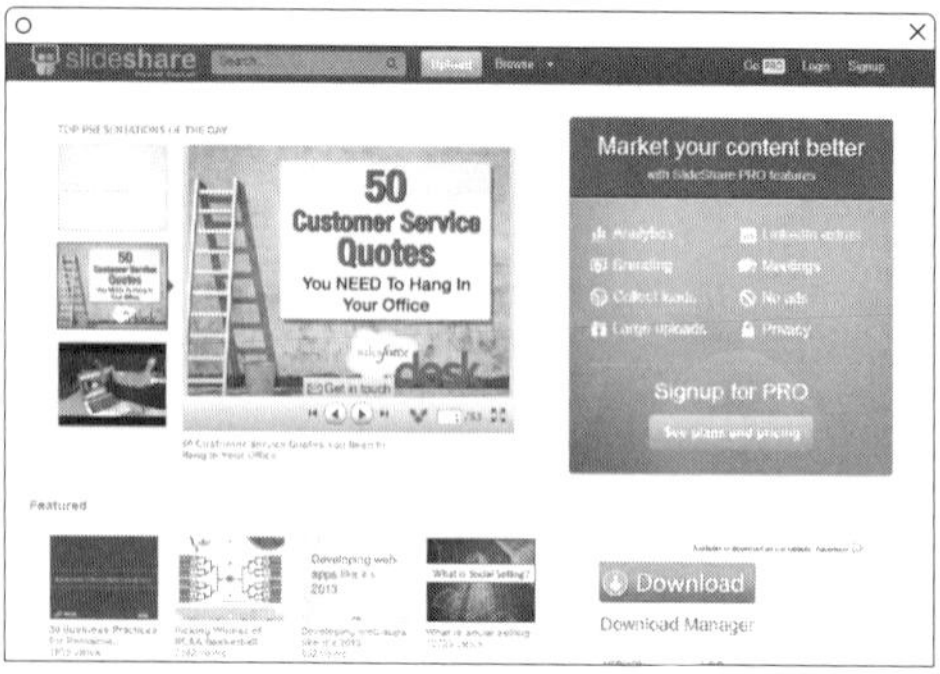

slideshare

しょう。これは、みなさんが広大なネット空間の中に「旗を立てる」アクションの第一歩です。運がよければ、企画書をアップするだけで、みなさんの想いに共感する仲間が集まってきてくれるかもしれません。

スライド資料をアップするためのおすすめのツールは「スライドシェア（slideshare.net）」です。世界でもっとも使われているスライド共有ツールで、残念ながらメニューの日本語対応はしていませんが、ユーザー登録をして「Upload（アップロード）」を選択するだけなので、英語が苦手な方でも抵抗なく使うことができるでしょう。データはパワーポイント形式（ppt、pptx）でもよいのですが、ＰＤＦ形式の方がスムーズにアップロードされるかと思います。

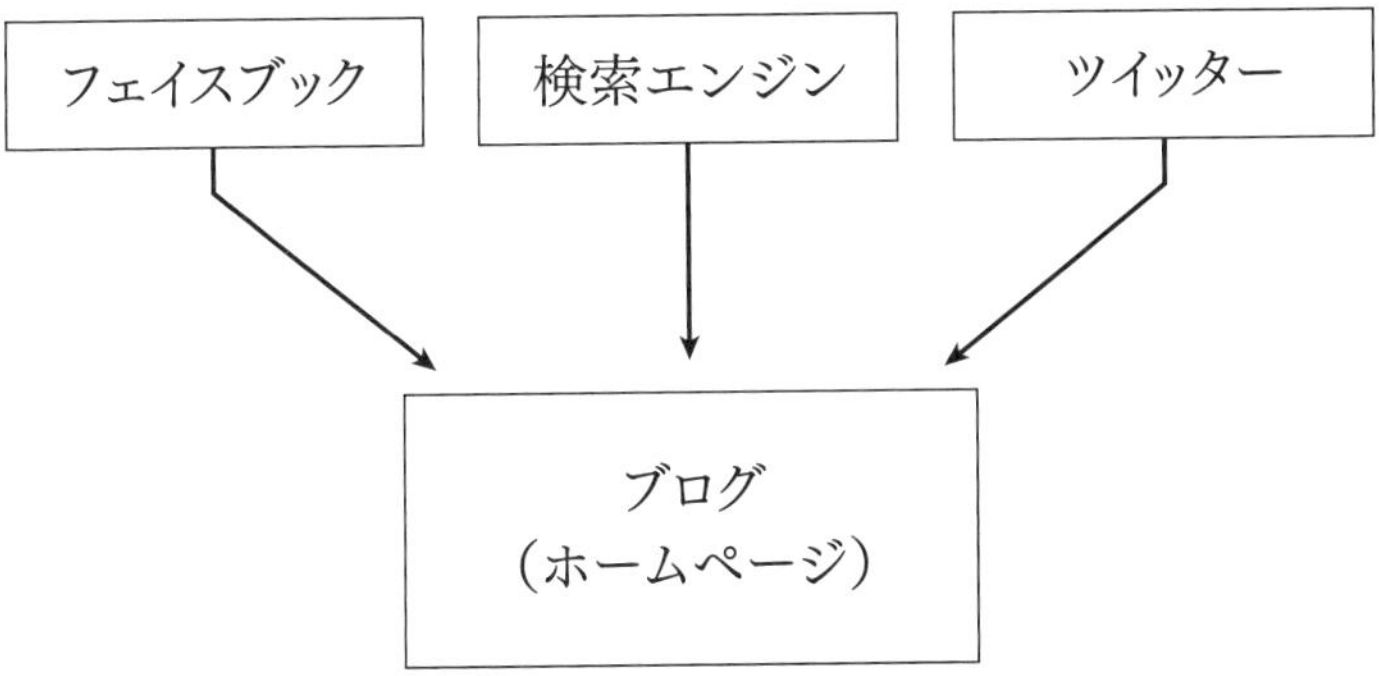

ブログは「ホーム」のような存在

企画書を広めるためにブログをつくろう

スライドシェアに企画書をアップしたあとは、みなさんの企画をより多くの人に知ってもらうためのマーケティング活動をはじめましょう。スライドシェアに資料をアップしただけでは、よほど運がよくない限り、みなさんの情報は人目に触れることがありません。

まずおすすめしたいのは、ブログ、またはホームページの開設です。しっかりとしたホームページを制作してもよいのですが、ブログを開設するほうが格段に簡単なので、ここではブログを中心に解説を進めていきます。

ブログはウェブマーケティングの観点から考えると、「ホーム」のような存在です。ツイッターやフェイスブックも、ホームへ人を呼び寄せるための手段として捉えておくと、より効果的でしょう。

ブログまたはホームページを重視すべき最大の理由は、ブログやホームページが検索エンジンにヒットするのに対して、フェイスブックやツイッターは各投稿が検索エンジンにヒットしにくいことにあります。

フェイスブックやツイッターの投稿は、すでにつながりをもっている「友だち」が見るものであって、まったくみなさんのことを知らない人に閲覧してもらうことは困難です。

先ほどスライドシェアにアップした企画書をツイッター、フェイスブックに投稿しても、すでに友だちになっている人か、せいぜい「友だちの友だち」にまでしか届かない、ということです。もちろんこれはこれで強力な告知手段なのですが、「内輪」を出ることができないのは否めないでしょう。

一方で、検索エンジンにヒットするブログやホームページは、たまたま調べ物をしている人など、まったく接点のなかった人に投稿を見てもらうチャンスが生まれます。

たとえばみなさんが、うつ病を減らすための取り組みをおこなっており、その情報をサイトにアップしていれば、「うつ病 減らす」「うつ病 問題 対策」といったキーワードで検索する人に、活動を知ってもらうことができます。

こうした言葉を検索する人の中には「うつ病の問題をなんとかしたい」と考えている人や、

すでにうつ病を減らすための活動に取り組んでいる人もいるでしょう。そうした方々は、ツイッターやフェイスブックでつながっている「友だち」や「友だちの友だち」に比べて、みなさんの活動に共感してくれる可能性は高いはずです。

おなじ1人の訪問でも、検索エンジンから訪れてくれる人たちは、一般的に価値が高くなる傾向があるということです。彼らは能動的に情報を探索している人たちであり、みなさんの存在を求めている人たちです。ツイッターやフェイスブックのみでは、この貴重な訪問者を獲得することがむずかしくなるので、ぜひともブログは開設しておくべきなのです。

WordPressの利用がおすすめ

ご存知のとおり、ブログを開設するための敷居はとても低く、数分もあれば無料で自分だけのブログを開設することができてしまいます。

ブログサービスはさまざまなものがありますが、特段のこだわりがなければ、「使い慣れているサービス」を使うのがおすすめです。すでにブログを開設して、使い勝手も理解できている方は、そのサービスの利用を継続しましょう。

一度もブログを開設したことがなく、何から手をつけていいのかまったくわからないという

WordPress.com

方は、「WordPress.com」という無料サービスの利用がおすすめです。WordPress.comは、世界でもっとも利用されているブログ運営ツール「WordPress」を利用できるサービスで、日本語にも完全対応しており、使い勝手もシンプルです。

ブログ運営ツール「WordPress」は自分でサーバーを用意してインストールすることもできますが、その場合はサーバーのレンタル費用、ドメインの取得費用がかかります。が、WordPress.comを使えば、そうした手間・コストをかけずに、簡単にWordPressを利用することができます。

なお、WordPress.comを無料で利用できるのには理由があり、デザイン・機能の高度なカスタマイズをする場合には、追加の課金が必要になります。無料版は機能が一部制限されているということです。

とはいえ、一般的なブログを開設するだけなら無料版で十分ですので、安心してお使いください。

WordPress.comを利用するその他のメリットは、市場でもっとも受け入れられているツールに慣れておける、という点が挙げられるでしょう。2013年2月現在、WordPressは日本でトップシェアを誇るブログ・ウェブサイト運営ツールとなっており、新規でつくられるウェブサイトの多くはWordPressを利用して制作されています。

とくに、みなさんがIT関係の業種、またはマーケティング関係の職種に就いている場合は、仕事のなかでWordPressに触れる瞬間も出てくるかと思います。個人としてWordPressの利用に慣れておくことは、そのまま仕事の役にも立つはずです。

WordPress以外のサービスでは、グーグルが運営する「Blogger（ブロガー）」、または「tumblr（タンブラー）」がおすすめです。一般に無料ブログは広告が自動で挿入されるのですが、WordPress.com、Blogger、tumblrの3サービスは広告が表示されません。そのため、これらのサービスを用いればすっきりとしたデザインのブログを制作することができるでしょう。

「なぜこの企画をはじめようと思ったのか」を書こう

さて、ブログを開設することはできても、いざ自分のブログに何を書いていけばいいのかわからない、という方も少なくないでしょう。

本書で解説しているのは、特に「旗を立てる」、つまり共感者を集めるためのブログの活用方法です。その意味では、まずみなさんが書くべきコンテンツは、「なぜこの企画をはじめようと思ったのか」というみなさん自身のストーリーになります。

きれいな言葉、美しい表現である必要はありません。みなさん自身をそのまま映し出す、実直な言葉で企画に込めた想いを語りましょう。

とはいえ、いきなり書けといわれてもハードルが高いと思いますので、まずは他の人が書いた文章を参考にしてみるのがおすすめです。

特に参考になるとぼくが考えるのは、世界ではじめて「ボーイズシンクロ」のビジネス化に成功した、１９８７年生まれの起業家・平澤慎也さんのブログです。

15歳のときに男子シンクロをはじめ、その魅力に取りつかれた平澤さんは、２００６年春、男子シンクロの感動を伝えるために「ボーイズシンクロエンターテイメントチーム ｉＮＤＩＧＯ ＢＬＵＥ（インディゴブルー）」を設立します。一種のショービジネスとして全国各地のプールで公演し、２０１１年には総観客数は10万人を突破します。

当初は費用持ち出しでやっていたものの、活動が広がるなかでビジネス化の感触をつかみ、平澤さんは２０１１年10月に株式会社·ｉＮＤＩＧＯ ＢＬＵＥを創業します。

すさまじいキャリアだな、と驚かされるのは、平澤さんは楽天株式会社に２０１１年4月に入社するも、シンクロへの想いを断ち切れず、２０１１年6月に会社を辞めて、すぐに創業に取りかかっています。３ヵ月で退職。「最近の若者は辞めるのが早すぎる！　石の上にも三年だ！」とおじさんたちは説教したくなるのでしょうけれど、そんな方には彼の生き様をぜひ見ていただきたいところです。

平澤さんは「大好きなボーイズシンクロが〝仕事〟になった理由。(shinyahirasawa.me/ilovemywork)」というタイトルで、ご自身のブログに想いを綴っています。全文を引用したいのですが、紙幅の都合もあるので部分的にご紹介いたします。


ぼくは最初、18歳のときにチームをつくって2年半以上まったく売上がなくて、借金もしたし、たくさん営業電話もした。だけど、3年目の夏、はじめてぼくらに売上をたててくれた愛媛での仕事でぼくの価値観は変わった。

その瞬間、ぼくらは文字通り〝仕事〟として自分が楽しいと思えることに取り組み始めた。

そしてその甲斐あって今、来年7年目を迎えるチームで、ぼくは自分が楽しいと思えることを仕事にしてご飯を食べさせてもらっている。

仕事にならなかったことを仕事にしたぼくが信じたことは、たったひとつ。

自分の感性に正直に生きること。

それだけを信じ続けて、ようやく大好きなことを〝仕事〟にさせていただいた。

人を惹きつける力を持つ、すばらしい文章だと思います。シンクロへの想いが、飾らない素直なことばで語られており、思わず応援したくなってしまいます。

人に共感してもらうためには、文章テクニックは不要です。ヘンに飾らず、等身大のことばで「なぜこの企画をはじめようと思ったのか」を語ってみましょう。むずかしいことばを使う必要もなければ、頭がよさそうに見せる必要もありません。

もうひとつ細かいテクニックですが、企画書を「スライドシェア」にアップした方は、ぜひブログ記事のなかに埋め込んでおきましょう。アップロードしたスライドにアクセスし、「Embed」をクリックすると埋込み用のコードが表示されるので、それをそのままブログ記事にコピー&ペーストすれば、ブログへの埋込みは完了です。

専門的なコンテンツや企画の状況を書こう

その他の記事としては、みなさんの企画の進捗状況や、イベントを開催した場合はイベントレポート、みなさんが持っている専門的な知識、スタッフを紹介する文章などを投稿していくとよいでしょう。

特に専門的な知識の投稿は、仲間を集める上でも強力な道具になりえます。先に述べたとおり、インターネット上ではさまざまな人が検索を行っています。その際、みなさんがブログに適切なコンテンツを用意していれば、検索エンジンを使って何かの調べ物をしている人たちに、自分たちの活動について知ってもらうことができます。

たとえばみなさんがうつ病の問題に取り組んでいるのなら、「うつ病で休職したAさんが、みごと復職に成功した事例」という記事を投稿しておくべきです。このタイトルと内容の記事をアップしておけば、「うつ病 復職 事例」というキーワードで検索する人に、団体の活動について知ってもらうことができるはずです。

他にも、「うつ病を予防するために注意しておきたい3つの習慣」「カウンセラーに聞く、うつ病の悪化を防ぐ方法」なんて記事もよいでしょう。

これらも同様に、「うつ病 予防 習慣」や「うつ病 悪化 防ぐ」などのキーワードで検索する人たちと、接点を取るきっかけになるはずです。もしみなさんが専門的にうつ病の問題に関与しているのなら、こうしたテーマの記事を書くことは、それほど難しくないはずです。

ぼくたち一人ひとりが持っている専門性や個人的なストーリーは、ぼくらが思っている以上に面白い、価値のあるコンテンツになりえます。ブログを書くことが苦手という方もいるとは思いますが、ぜひ自分をうまく切り出して、オンラインの世界に露出させてください。ブログを使って情報を発信し、人々とのつながりを拡張し、プロジェクトを成功に導きましょう。

ツイッターを活用しよう

ブログだけでなく、ツイッターやフェイスブックといったツールもフル活用していきましょう。ツイッターアカウントを開設していないのであれば、みなさんの個人名（できれば実名・顔出し）でアカウントをさっそく取得してください。

アカウントは組織名、プロジェクト名ではなく、個人名で

ケースバイケースではありますが、ツイッターは基本的にプロジェクト名や団体名、会社名ではなく、個人の名前を出してやるべきです。

ツイッターを利用している方はわかると思いますが、たとえば「株式会社フラッグ」という会社から発信されるつぶやきと、「株式会社フラッグ代表・池田旗男」が発信するつぶやきでは、後者の実名アカウントの方が読まれやすい傾向があります。人はよほどのファンでもないかぎ

り、顔のみえない企業ブランドのつぶやきを受信してくれません。

人が魅了されるのは、やはり人なのです。たとえば大阪維新の会の代表・橋下徹さんのツイッターアカウントは90万人以上の人にフォローされているのに対して、維新の会自体アカウントのフォロワー数は4万人にとどまります。みなさんもどちらの情報が読みたいかと問われれば、維新の会の熱心な支持者でもないかぎりは、橋下さんのツイートが読みたいのではないでしょうか。

ツイートでは弱い部分もさらけ出す

発信するつぶやきは、法に触れるものではないかぎり、どんな内容でもOKです。特におすすめしたいのは、日々のつぶやきのなかで、自分の弱い部分までさらけだしてしまうことです。

ぼくの知人の経営者は、ときおり「眠い……」「疲れた……」「経理やってくれる人が見つからない……」というネガティブなつぶやきをしています。リーダーがこんなつぶやきをしていいのか?と疑問に思われる方もいるかもしれません。

しかし、彼は弱みを仲間たちと共有することで、等身大の自分を伝え、仲間が助けることができる「余地」を示しているのです。たとえば「経理やってくれる人が見つからない……」というつぶやきを仲間が見れば、「大丈夫？　いい人知ってるから紹介しようか？」と彼にオファーを出してくれるかもしれない、「疲れた……」とつぶやけば、周囲が察してリーダーに負荷をかけすぎないよう配慮してくれるかもしれない、というわけですね。

彼が戦略的にやっているかどうかは別にして、自分の弱さを共有することで、まわりの人たちのコミットメントを獲得できることがあるのは事実です。

もちろん、100%ネガティブなつぶやきばかりだとイメージが悪くなってしまいます。弱さを見せるのはせいぜい5%程度にとどめておくべきでしょう。ツイッターはうまく使えば、周囲の期待を適切なレベルにコントロールし、ふんわりと応援者に助けを求めることができるツールとなるでしょう。

専門的な情報の発信も有効

弱みの共有に加えておすすめなのは、「専門的な情報」の共有です。

みなさんは特定の問題の解決に関与していこうとしているプレーヤーである以上、その問題に関する専門的な情報をもっているはずです。たとえばNPOのソーシャルメディア活用の推進に取り組んでいるぼくは、国内外のNPOの寄付戦略事例などに自然と詳しくなるわけです。活動のなかで知った専門的な情報を発信することで、同じ興味関心や問題意識をもつ人とのつながりが芽生えます。ぼくの場合なら、同じようにNPOの支援に取り組んでいる人が「イケダハヤトというヤツは、寄付戦略に詳しくて役立つ情報を発信しているぞ」と、つながりが広がっていくわけです。

そうして情報を発信しつづけると、フォロワー数は数百〜数千人程度にまで伸びてきます。これはみなさんにとって貴重な告知メディアとなるはずです。

たとえばブログを更新したときに、ツイッターで「ブログ更新しました！」とツイートすれば、それだけで数十〜数百人の人が閲覧してくれるでしょう。

インフルエンサーとつながろう

もう一点、ツイッターを活用する上でおさえておきたいのは「インフルエンサー」と呼ばれる人たちの存在です。明確な定義はありませんが、インフルエンサーとはその名のとおり、インフルエンス、つまり「影響力がある人」のことを指します。

ツイッター上には数万〜数十万のフォロワー数を抱えている人たちが少なからずいます。本書執筆時点で3万人のフォロワー数となっているぼくも、そうした「インフルエンサー」のひとりだったりします。

みずからアカウントを開設し、ゼロからフォロワーを獲得していくのはそう簡単ではありません。短期的にツイッターで情報を広げようと考えているのなら、自分でフォロワーを集めるよりは、すでにフォロワーを多く抱えている人の力を借りることを意識しましょう。

協力の要請の仕方はシンプルに、ツイッターのメンション機能で「○○という企画をはじめたのですが、もしよろしければご覧いただいた上で、フォロワーの方々にこのＵＲＬをＲＴしてくださいませんか？」というお願いを出すのがよいでしょう。

または、メールで情報を提供し、「よろしければぜひツイートしてください」と一言添えるアプローチもおすすめです。ぼくも日々こうしたお願いをいただきますが、琴線に触れるものであれば、すぐにツイートしています（ツイートしてほしいことがあれば、ぜひメールでご連絡ください）。

また、インフルエンサーに協力を依頼する際は、その人のフォロワー「数」だけではなく、フォロワーの「質」も確認してから連絡をしましょう。極端な例では、フォロワーをお金で購入しているケースもありますし、「情報を届けたい相手」が、インフルエンサーの先にいないということもありえます。

たとえば「公認会計士に向けて情報発信をしたい」と考えている方が、ぼくにツイートの依頼をなさっても、それほど効果がないと思われます。ぼくのフォロワーはＩＴ業界やマーケティング業界に従事する方が多く、ターゲットである公認会計士の方々がフォローしていない可能性が高いからです。

このような場合は、プロフィール検索サービス「ツイプロ（twpro.jp）」などを用いて「会計士業界の中のインフルエンサー」を特定しましょう。フォロワー数が数百人でも、ターゲットユーザーとのネットワークを持っている可能性があるので、注意深く見てみることをおすすめします。

フェイスブック（個人アカウント）を活用する

２０１３年１月現在で１７００万ユーザーを突破したフェイスブックページもまた、みなさんの問題意識を広め、仲間を集めるための重要なツールとなるでしょう。

フェイスブックは大きく分けて「個人アカウント」と「フェイスブックページ」の２つの用途があります。まずは個人アカウントの効果的な活用法をご紹介します。

アカウントの取得方法と注意点

フェイスブック上で個人アカウントを取得するためには、facebook.com にアクセスし、本名や生年月日を登録する必要があります。個人情報の登録が終われば、すぐにアカウントが発行されます。

なお、ここで偽名や会社名を登録すると、規約違反となりアカウントが消されてしまう恐れがあります。たとえば、ぼくの本名は「池田勇人」ですが、個人アカウント取得時に、ブログ名である「ihayato.書店」や、ペンネームである「イケダハヤト」を本名として登録してはいけない、ということです。

ぼくの知っている範囲でも、あるだれもが知る大企業がアカウント名を社名にしてしまったばかりに、フェイスブックの利用がシャットダウンされるというトラブルに陥ってしまった例があります。

会社、またはプロジェクトとしてフェイスブックを利用したい場合は、まずは実名で個人アカウントを取得し、そのあと、「フェイスブックページ」の開設手続きを踏む必要があります。

アカウント取得後は「友だち」を増やす

実名でアカウントを取得したあとは、「友だち」を増やしていきましょう。基本的には、友だちが増えれば増えるほど情報発信力は高まっていくことになります。

ただし、フェイスブック上では「面識のある人を友だちとして登録する」のが、一般的なマナーとして受け入れられています。見ず知らずの人たちに手当りしだいに友だち申請をするのは、のちのちのトラブルのもとになるので避けておくべきでしょう。

だれを友だちにするかの基準は人によってさまざまですが、純粋にマーケティングを主な目的として活用する場合は「名刺交換をした人とは友だちになっておく」なんて基準がいいかもしれません。

見知らぬ人からの申請は無視する

フェイスブックを利用していると、しばしば見知らぬ人から友だち申請が来ますが、これは気にせず無視してください。不用意に見知らぬ人を友だちに登録してしまうと、スパムに悩まされることになったり、勝手に「グループ」に追加されてしまう可能性があります。美人女性の画像を用いて偽アカウントを作成し、男性アカウントに片っぱしから友だち申請をするスパムアカウントも存在するので、男性のみなさまは「見知らぬ美人」から申請が来ても承認をしないように気をつけましょう。これ、けっこう引っかかってる人がいるんですよね……。

「売り」の姿勢は抑えて投稿

フェイスブックはあくまで友だちとカジュアルな近況を共有するためのツールなので、あまり「売り」の姿勢を出すべきではありません。毎日「私の企画を見てください！　商品を買ってください！」と投稿する人の周りには、少しずつ人がいなくなっていくものです。そんな「友だち」、いやですよね。

フェイスブックの個人アカウントは「人脈管理とカジュアルな近況の共有」程度の使い方にとどめておくのがよいでしょう。マーケティング的に活用する場合は、むしろ次に説明する「フェイスブックページ」を主眼とすべきです。

フェイスブックページを活用する

フェイスブックページの開設方法と注意点

個人アカウントを取得すると、「フェイスブックページ」を開設することができるようになります。開設・運用にあたっては、一切お金はかかりません。手続きもシンプルなので、開設用のURL（facebook.com/pages）にアクセスさえすれば、3分後には自分のページを持つことができているでしょう。

細かい話ですが、フェイスブックページは「いいね！の数が100名を超えたら、原則的にページの名前は変えられない」という点には注意が必要です。フェイスブックに変更申請をすることも可能ですが、一度しか受け付けてくれないので、名称の設定は慎重に行いましょう。

「読者」が喜ぶ情報を投稿しよう

フェイスブックページはメールマガジンのような媒体として捉えるのがよいでしょう。いいね！した人たちは、ファンであり読者です。彼らが読んでよかった、見てよかったと思えるコンテンツを積極的に投稿しましょう。一般的におすすめできるコンテンツの例は次のようなものになります。

- 活動に関する最新情報（できれば写真付きで、簡潔に投稿）
- 新着ブログ記事の紹介
- 読者におすすめできるニュース記事・ブログ記事の紹介
- 思わずいいね！を押してしまう写真
- 思わずいいね！を押してしまう名言

特に「おすすめ記事の紹介」は取り組んでみる価値があります。自分がつくったものではないコンテンツを紹介するのは気が引けるかもしれませんが、読者はそんな事情なんか気にせず、純粋に有益なコンテンツを望むものです。

ぼくのブログのフェイスブックページでもしばしば自分が書いたものではないブログ記事を

紹介するのですが、自分の記事よりもウケてしまうことが頻繁にあります。運営者としては複雑ですが、読者が喜ぶ投稿という意味では間違っていないのでしょう。

知っておきたいフェイスブックの「エッジランク」

また、フェイスブックはすべての投稿がユーザーに表示されるわけではありません。たとえばぼくは300件ほどのフェイスブックページに「いいね！（ファン登録）」をしていますが、そのうち定期的に新着情報がニュースフィードに表示されるのは、10件を切っています。つまり、ファン登録をしているほとんどのページの投稿は、ぼくのところにまで届いていないのです。

これはフェイスブックのアルゴリズム「エッジランク」による取捨選択が機能しているからです。エッジランクは、頻繁に「いいね！」やコメントを残す友だちとページを、優先的に表示するための仕組みです。

わかりやすくいえば、みなさんが嫌いな上司と友だちになったとしても、みなさんが彼らの投稿を無視しつづければ、みなさんのニュースフィードからは、上司が自然と消えていくということです。逆に、気になる異性の投稿に「いいね！」を付けまくれば、その人の投稿が自分のフィードに優先的に表示されるようになります。うまい仕組みですよね。

エッジランクを高めるためには、投稿に対して積極的に「いいね！」やコメントを付ける必要があります。いいかえれば、だれも「いいね！」やコメントを付けない、質の低い投稿をつづけていくと、登録しているファンの数がどれだけ多くても、実際には配信されていないという悲しい状態になってしまう、ということです。

しっかりと情報が配信されるページを運営するためには、読者に歓迎されるコンテンツを意識的に投稿する必要があります。

「Like Box」をブログに埋め込む

最後に、開設したフェイスブックページを先ほど作ったブログサイトに埋めこみましょう。フェイスブックが公式に提供している「Like Box」という「ソーシャルプラグイン」を利用すると、運営しているウェブサイトに訪問者がその場でファン登録できるボックスを設置することができます。

Like Boxはフェイスブックページという「いけす」に魚を誘導するための入り口のようなものです。Like Boxをブログに置いておくことで、ブログに訪れてくれた人たちが、自発的にいけす（フェイスブックページ）に参加してくれるわけです。

ぼくのブログ（ikedahayato.com）でも記事の真下に「Like Box」を設置しているので、ぜひ参考にしてみてください。

クラウドファンディングサイトを活用する

「旗を立てる」上でもうひとつおさえておきたいのは「クラウドファンディング」というキーワードです。

みなさんはいま、強い問題意識を抱き、それを解決するための行動を起こそうとしています。しかしながら、企画している解決策を実行するためには、当然「お金」や「人手」がかかります。ブログ・ツイッター・フェイスブックを活用すれば、お金や人手を集められる可能性もあるのですが、短期的に多額の資金を集めるためにはいかんせん力不足です。企画を実現する資金を短期間で集めたいときに活用できるのが、本節で紹介する「クラウドファンディングサイト」です。

群衆の力で数十万～数百万を調達する

「クラウドファンディング」は、その名のとおり「群衆（クラウド）」の力で「資金を調達する（ファンディング）」ウェブサイトのことを指します。インターネットの発展が可能にした資金調達の手法として、いま世界的に注目が集まっています。

Readyfor?

クラウドファンディングは、特に未実現の企画の実行資金を集めるために使われる手法です。たとえばみなさんが「捨てられたペットを保護する施設を作りたい！」と考えているのなら、クラウドファンディングサイトを使うことで、施設をつくる資金を集めることができるわけです。

「Readyfor?（readyfor.jp）」というサイトでは、これまでに50を超える企画が投稿され、多いものでは、ひとつのプロジェクトに対して800万円近い資金が提供されています。この資金は、全国の860名を超える出資者から集められています。まさに群衆の力ですね。

公序良俗に反しないかぎり、あらゆる企画はクラウドファンディング化することができるでしょう。「地元を元気にする音楽フェスをやりたい！」、「カフェをつくるための資金がほしい！」や「電子書籍を出したいので出版資金をください！」などなど、さまざまな趣旨で資金を集めることができるので、ぜひクラウドファンディングサイトで「旗を立てる」ことをおすすめします。

集める資金の規模としては、数十万～数百万円程度を見込んでおくとよいでしょう。逆にいうと、実現に数千万円かかるような企画については、現時点ではクラウドファンディングサイトによる資金調達はむずかしいということです。クラウドファンディングが浸透している米国では数億円単位の調達事例も登場していますが、クラウドファンディング自体の認知度が低い日本では、大規模な調達が実現するためには、あと数年の時間がかかりそうです。

クラウドファンディングの手数料構造

クラウドファンディングサイトに企画を投稿するためには、一般的に運営者の審査を得る必要があります。手数料は低いところでは調達額の10％、高いところでは25％程度が徴収されます。１００万円集めても、10～25万円はクラウドファンディング運営企業に中抜きされるということです。

中抜きというとイメージは悪いですが、多くのサイトは企画の効果的な見せ方、資金の集め方をアドバイスしてくれる体制を用意しています。そのため、みなさんにウェブマーケティングやウェブ制作の知識がなくても、彼らの手ですてきなプロジェクトページを制作してくれま

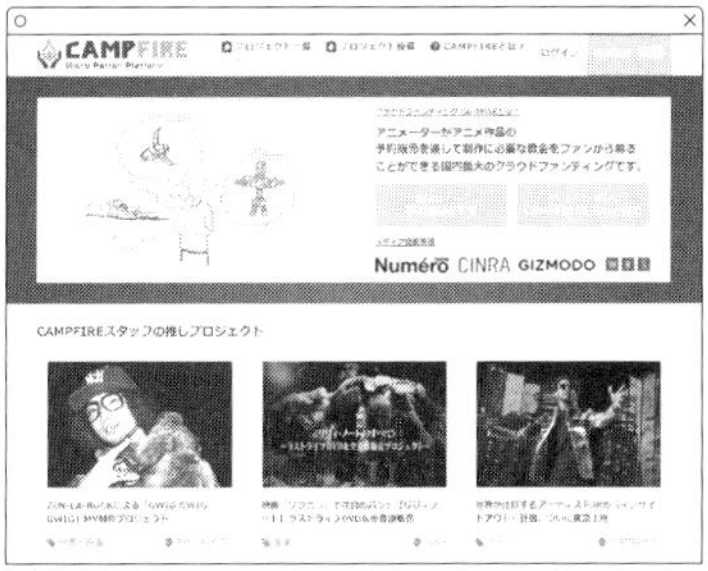

campfire

FAAVO

motion gallery

countdown

す。手数料はある種のコンサルティング料、サイト制作料だと思えば、それほど高くはないでしょう。

さまざまなクラウドファンディングサイト

クラウドファンディングサイトは複数立ち上がっており、先ほど紹介した社会貢献プロジェクトに強い「Readyfor?」、地域活性化に強い「FAAVO（faavo.jp）」、クリエイターのプロジェクトに強い「campfire（camp-fire.jp）」、元グーグル日本法人社長が立ち上げたグローバル志向の「countdown（countdown-x.com）」、映画に特化した「motion gallery （motion-gallery.net）」などが国内における主要なプレーヤーです。どれも色合いが違うので、各サイトをよく閲覧し、自分の企画にあった場所を選ぶようにしましょう。

オフラインの接点を用意する

ここまでブログ、ツイッター、フェイスブック、クラウドファンディングといったツールを紹介してきましたが、最後に「オフラインの接点」についても考えてみましょう。

そもそも、「仲間」になってくれるようなレベルの共感者を、インターネットだけで獲得しようとするのが間違いです。深い共感や応援というものは、みなさんのことばをオフラインの場で間近に聞くことで醸成されます。

まずは、できるだけ多くの人に会い、自分の企画を説明しましょう。見知らぬ人にアポをとるのは億劫かもしれませんが、人と会うことで自分の考えがブラッシュアップされ、同時に協力してくれる仲間も見つけることができます。

面識のない人に会うことに抵抗がある方は、第二章で紹介した「コーヒーミーティング」など、出会いやすいツールを利用してみましょう。突破力がある方は、「ダメもと」で気になる人に片っぱしからアポ依頼を出してみるのがおすすめです。

また、みずからイベントを開催することも大切です。イベントといっても大それたものである必要はなく、まずは数名規模の定例ミーティングに、人を誘うことからはじめるのがよいと思います。毎月決まった日程でＭＴＧを開催し、共感してくれる人をその場に誘い、一人ずつ仲間を増やしていきましょう。

活動が大きくなってきたら、ゲストスピーカーなどを呼んだ、数十人規模のイベントを開催してみましょう。イベント集客にあたっては、ブログ、ツイッター、フェイスブックが活躍します。イベントページをかんたんに制作できる「ＰｅａＴｉＸ（peatix.com）」などを用いてウェブページを用意し、ブログやツイッターで告知し、可能な場合は「インフルエンサー」の手を借りてＵＲＬを広めましょう。

せっかく来てくれた貴重なファンなので、イベントをやる際は、プログラムの満足度も来場者アンケートで測定しましょう。経験上、満足度を高めるためには、「ワークショップ形式」のプログラムを用意するのが効果的です。ぼく自身も毎月のようにイベント企画していますが、単に登壇者の話を聞くだけの「座学形式」よりも、参加者が手を動かし、互いに交流できる「ワークショップ形式」の方が満足度が高くなります。

ファンコミュニティを形成する

熱心に関与してくれる人たちを大切にすることは、「旗を立てる」上でもっとも重要なことのひとつです。ファンを大切にするためにはさまざまな方法がありますが、特別な「コミュニティ」を用意することは、もっとも効果的な選択肢となるでしょう。

ファンとなってくれている人たちがフェイスブックを日常的に使っているようなら、フェイスブックの「グループ機能」を用いるのがおすすめです。熱心なファンを「秘密のグループ」に招待して、日々の活動や悩み、ハッピーだったことを共有しましょう。グループへの投稿の反応は薄かったとしても、彼らはみなさんが「自分を特別扱いしてくれた」ことをかんたんには忘れないはずです。

ファンの方々がフェイスブックを使っていない場合は、特別なメーリングリストを開設するのがよいでしょう。メーリングリストはフェイスブックよりも反応が薄くなりがちです。しかし、たとえレスポンスがなかったとしても、メンバーとして承認することに意味があるので、定期的に配信をつづけましょう。

その他のツールとしては、最近でいえばＬＩＮＥなどもうまく活用できるかもしれません。どんなツールを使うにせよ、ポイントは熱心なファンを「仲間」として認定し、巻き込むこと

オルタナS

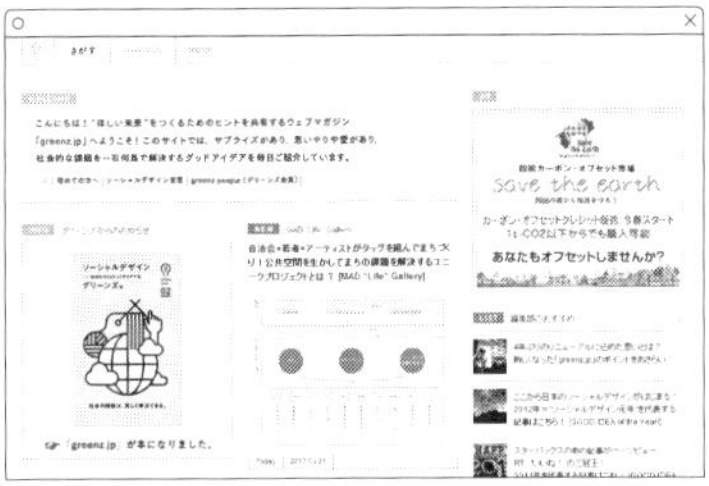

greenz

です。問題解決はひとりではできません。巧みにコミュニケーションをとり、ロールプレイングゲームのように、同じ目的意識をもつ仲間をひとりひとり増やしていきましょう。

だれかの立てた旗に参加する

本章では「自分で旗を立てる」テクニックについて紹介してきたわけですが、まずは「だれかが立てた旗に参加する」という選択肢もとることができます。これをお読みのみなさんの多くは、そのようなかたちから行動をとることになるのかもしれません。

だれかの立てた旗に参加する場合でも、必要なテクニックはここまで紹介してきたものと変わりません。ブログやツイッター、フェイスブックなどの新しいツールを活用し、共感の輪を広げていきましょう。

「何かやりたいけど、共感できる旗が見つからない!」という方には、ウェブマガジンである「greenz（greenz.jp）」や「オルタナS（alternas.jp）」の閲覧がおすすめです。このふたつのメディアは、小さな個人の挑戦を日常的に取り上げてサイトに掲載しているのです。

たとえばgreenzの「マイプロSHOWCASE」というコーナーには、

・捨てられる花をドライフラワーとして再生させる「SHY FLOWER PROJECT」
・政治参加を促進するためのウェブサイト「日本政治.com」
・間伐材を利用して楽器をつくる「手づくりカホンプロジェクト」
・家を建てる際にご近所付き合いまで一緒に行う「いえつく」
・正しい性の知識を啓発するための事業を展開する「ピルコン」
・年間３００トンの廃棄ゴボウを「ゴボウ茶」に変えた「Growth」
・一流のデザイナーがデザインしたカッコいい車いす「WHILL」
・うつ病からの復職を支援する「リヴァ」

……など、さまざまな活動が紹介されています。これらはいずれも、大きな企業によるものではなく、ぼくたちのような一般人が旗を立て、企画化したものです。

こうしたメディアを経由して共感するプロジェクトを発見したら、ぜひ主催者に問い合わせてみることをおすすめします。中にはみなさんが作りたい未来を、すでに作りはじめている人たちもいるはずです。

第四章のまとめ

本章では具体的に「旗を立てる」ときに使えるテクニックをご紹介しました。自分なりの問題意識をもち、いままさに世の中を変えようとしている方には、参考にしていただけたかと思います。

大前提として理解しておいていただきたいのは、いまこの時代に生きるぼくたちは、組織の枠を超えて同志を集めることができるという事実です。情報技術の発達によって、仲間集めのコストは劇的に下がりました。みなさんがほんの少しの勇気を出せば、今日でも明日でも、みなさんの話を聞いてくれるだれかに出会うことができるでしょう。

問題意識をまだ見つけることができていない人も、日々の生活の中で「これはおかしい！」と思える何かを見つけたら、ぜひオンラインでその想いを発信してみてください。それはほんのささいなこと、たとえば「公園のフェンスが壊れたままだ」「会議が長すぎる」「車いすの人が電車のなかで不便を被っていた」などで構いません。

ただし、その際には特定の個人を攻撃することばをつぶやいてはいけません。「あいつが憎い！」という他罰的な「旗」のもとには、後ろ向きな人しか集まってきません。怒りを抱いたときには、「なぜその現象が起きてしまい、この社会でまかり通っているのか」ということに思いを馳せ、根本的な問題解決を図りましょう。

何か問題が起きているときは、「だれか」ではなく、「仕組み」が悪いと考えるようにすべきです。そうした問題解決型の思考をもてば、ポジティブなエネルギーが集まる「旗」を立てることができるでしょう。

もし、みなさんが具体的に何らかのアクションを取ろうとしているときは、ぜひぼくにメールで連絡をください。ご協力が可能な範囲で、お手伝いをさせていただきます。

Think 就職しないで生きるには 21
New work style in the 21st century society

第五章
批判を乗り越えるために知っておきたい12の真実

ここまではとてもポジティブな側面のインターネット活用について紹介してきました。が、残念ながらインターネットには負の側面もあります。

みなさんが「旗を立てる」とき、共感してくれる人だけでなく、みなさんを敵視し、攻撃してくる人が出てくる可能性があります。……いや、「必ず」出てくるといってよいでしょう。こうしたインターネット上の心ない攻撃に、多くの人は慣れていないと思います。第五章ではぼくが身をもって学んだ、誹謗中傷や批判に向き合う心構えを共有したいと思います。

1 何かを変えるということは、だれかを否定すること

そもそも、問題意識の旗を立てるということは、それ自体、だれかの神経を逆なでする行為です。そのことを最初に理解しておきましょう。

みなさんが「これはおかしい！」と叫ぶとき、その矛先には、必ずその「おかしさ」の原因となっている人たちが存在します。

たとえば「無駄な会議が多すぎる」と叫ぶとき、その先には、たくさんの「無駄な会議を容認してきた人たち」が存在します。彼らのなかには、みなさんの叫びを、「自分のことを無能だと否定する声」として認識する人も出てくるでしょう。「この若造はおれたちを否定するの

か！」と。個人を否定するつもりはなくても、受け手側が勝手に被害者意識を抱いてしまうのです。

状況が悪化すると、若造の生意気に苛立った彼らは、その会議がいかに有益であるかや、先人たちが積み上げてきたものの重要性を語り出します。そうして、「お前はこのすべてを否定するのか？」とみなさんに対して挑戦を仕掛けます。よほど準備をしてこないかぎり、この「戦い」は多勢に無勢となるでしょう。共感してくれている人たちも、「旧勢力」の凄みに怯え、静観を貫きます。多くの人は、ここで怖じ気づき、「どうせ変わらないから無駄だな……」と、声を上げるのをやめてしまいます。

会社のなかでは諦めてしまうのも無理はありません。ぼくも企業に勤めていた時代、何度も「がんばっても損するだけだな」と諦め、無気力を学習していました。

でも、会社よりもオープンなオンラインの世界では、ここで諦めるのはとてももったいないことです。広い広いウェブ空間の中には、みなさんの問題意識に共感してくれる人が存在するはずです。攻撃的な視線に耐え、彼らとのつながりを勝ち得ましょう。

みなさんが解決しようとしている問題が大きければ大きいほど、周囲からの反対は大きくなります。いわく「そんな目標は達成できない」だったり「変えることで困る人もいる」「変える必要はない」だったり。革新的な医療ベンチャーを立ち上げている知人は「毎日が戦争のようだ」と漏らしていました。医療の世界には、やはり旧態依然とした抵抗勢力が根強く存在しているらしいです。

本気で新しいことをやろうとしたら、必ず反発を受けるのです。これは歴史が証明している事実です。まずこれを理解しましょう。

「旗を立てる」生き方、働き方は、こうした反発に対して、ときに真っ向からぶつかることになる選択です。人から否定されることに慣れていないぼくのような人間は、過度に凹んだり、攻撃的になったり、逃げ出したくなったり、とにかく精神的な浮き沈みを経験することになります。

こうした浮き沈みへ向き合う最初のステップは、「何かを変えるということは、だれかを否定することだ」ということを「前提」だと捉えることです。この意識をあらかじめもっていれば、ネガティブなフィードバックの数々を「想定の範囲内」のものとして捉えることができます。生身の状態で突然石を投げつけられるのはショッキングですが、事前に自分のことばの反響を想定していれば、石を巧みにスルーし、ときには完ぺきなホームランを打ち返すことができるはずです。

２　問題の多くは悪意ではなく善意から発生している

そもそも、みなさんが否定することになる問題は、多くの場合、「よかれと思って」生み出されたものだったりします。ややこしいことに、問題というものは、悪意によってではなく、むしろ統制されない善意のために、発生し、沈着するものなのです。「無駄な会議」ひとつとっても、だれかが悪意で仕掛けているというよりは、お互いの「よかれと思って」が高じて発生しているものです。この会議には係長も呼んでおこう、部長も呼んでおこう、統括部長にも報告しておこう……そうしてステークホルダーは増え、空気を読みあうムダな時間が立ちあらわれます。

問題を指摘する際には、まずは問題を生み出した当事者の人たちが、悪意ではなく善意で行動していることを認めましょう。明らかに、単なる堕落の結果として問題が発生していると思われる場合ですら、個人攻撃まがいの問題提起はやめておくべきです。

なんとも空気を読んだ言い方で気持ち悪いのですが、「無駄な会議」を減らしたいのならば、「今の会議の運営方法も〇〇という意味はあるのですが、うちの部門や業界の現状を鑑みると、〇〇に加えて、××することも重要になってきています。より生産的にするために、この会議の方法を少し変えてみませんか？」なんて語り方が望ましいでしょう。魂を売るような気分になってしまうかもしれませんが、本当に変化を起こしたければ、この程度の「オトナになること」は受け入れざるをえないと思います。

3 自分に向けられた批判は毒のようなもの

作家やブロガーのなかには、2ちゃんねるやツイッターで「アンチ」に誹謗中傷されたショックで、自分のことばを発信するのをためらうようになってしまう方々が少なからずいます。

「イケダハヤト」で検索していただけるとわかるのですが、ぼくは自他ともに認める「炎上」経験者です。数ヵ月に一度は、友人から「何か炎上してるけど大丈夫？」と心配されるほどです。いわれのない憶測を流布され、営業妨害まがいの行為をされることもありますし、毎日のようにネット上では「アホ」「バカ」「氏ね」という誹謗中傷を受けています。

さすがに2年ほど叩かれつづけると、不思議と慣れてくるもので、今では「バカ」といわれても一瞬イラッと来るだけで、コップ一杯の水を飲めば、すっきり忘れて次の仕事に取りかかることができるようになりました。はじめて見ず知らずの人に「バカ」と言われたときは、1週間ぐらいイライラがつづいていたことを覚えています。たかが「バカ」と言われたくらいで！　なんと繊細だったのでしょう。

自分に向けられた批判というものは、たとえていうなら「毒」のようなものです。最初は必ずダメージを受けます。第三者が見れば「無視すればいいのに」と思える誹謗中傷ですら、自分の身に降りかかると、大事件のように感じられるものです。手に汗を握り、警察への通報を考えてしまうかもしれません。

ですが、ぼくのように、次第に誹謗中傷には慣れてくるものです。精神が汚染される以上の実害も基本的にはありません。みなさんが無視さえすれば、それで何事もなく毎日は過ぎていきます。

毎日のように毒に触れていると、そのうち自分のなかに解毒能力が身についてきます。一瞬感染するのは変わらないのですが、瞬時にその誹謗中傷を体内から除去できるようになります。嘘のような話ですが、他の作家の方の話などを聞くかぎり、概ねみなさん同じような能力を備えていたりします（ぼくは、一流の作家とそうではない作家をわけるのは、この「解毒能力」だとすら思っています）。

あまりにも多くの毒が届きすぎる場合は、その場からすぐに逃げましょう。有益な批判を見逃してしまうことになると思われるかもしれませんが、後述するように、本当にみなさんのことを思う人は、アナログな手段でしっかりとアドバイスを伝えてくれます。入っているかもわからない宝物を探すために、毒の壺に手を突っ込むことはありません。

自分の精神状態が良好で、かつ毒の量もたいしたことがないようなら、あえて意識的に毒に触れ、耐性を身につけるよう努力してみましょう。ぼくはしばしば自分の名前をツイッターで検索し、自分に対する誹謗中傷を読むようにしています。

4 本当に心配してくれる人は、公衆の面前ではなく、こっそり語りかけてくれる

みなさんのチャレンジに対してよせられる反発のなかには、さもみなさんのことを心配している風を装って、間接的にみなさんの攻撃をしてくる卑怯な人も現れるでしょう。

ぼくもこの種の手合いにはひんぱんに出くわしており、たとえば「この人、大丈夫か？ まだ若いみたいだけど心配だ」「業界の先輩としていわせてもらうけど、おまえはまちがっている。考え直したほうがいい」なんて批判をツイッター上でいただいたりします。

ぼくは公衆の面前でこうした発言をする人を、「卑怯な人」と断言します。なぜなら、心配しているというのは真っ赤な嘘であり、結局、彼らは他人を攻撃したいだけだからです。心配という「善意」を装うことで、「これはおまえのためなんだ、愛のムチなんだ」という逃げ道を用意しているあたりは、なんというずる賢さでしょう。

本当にみなさんのことを心配しているのなら、その人は公衆の面前（ツイッターや2ちゃんね

る、同僚の前など）ではなく、影でこっそりみなさんに助言を与えてくれます。これはぼくが何度も経験したことです。多くの場合、彼らはエゴではなく、純粋な善意をもって、みなさんに語りかけてくれます。彼らの助言はしっかりと聞く価値があります。

公衆の面前で与えられる「愛のムチ」は、実は愛のムチでもなんでもなく、ただ「ひとこと言ってやりたい」がために吐き捨てられたことばです。そういう人は、本当にただひとこと言ってやりたいだけなので、「アドバイス」を提供する以上のことはしません。そうして自分の「善意」に満足し、もしみなさんが失敗やミスを犯したとき、彼らは「それ見たことか！」とみなさんをあざ笑います。助けるつもりなんて、毛頭ないのです。

苦しいのは、周囲の人が彼らのずるさをなかなか理解してくれないことです。遠巻きに眺めている人たちは、みなさんのことを「周囲からの愛のムチを無視する不遜なやつ」「尊敬すべき先人たちに失礼な態度をとっているやつ」と認識することでしょう。それは仕方のないことです。変に説得しようとしても、恐らくわかってもらえないので、スルーしましょう。

「叱ってくれる」という善意をむげにするのは、なんだか失礼な気もすると思います。が、公衆の面前でバトルを展開しようとする人たちを相手にしても、時間と精神力の無駄遣いにしかなりません。そんな暇があるなら問題の解決に時間を割きましょう。

5 怒りはエネルギーに転化できる

批判や誹謗中傷を受けると、みなさんの気持ちは大きく揺さぶられ、夜は目がギンギンと冴えて眠れなくなり、ストレスで腹痛に苛まれることもあるでしょう（ぼくはよくありました）。なんで現状をよりよくしようと行動している自分が、何も変えようとしていない連中に叩かれなきゃいけないんだ、そもそもこいつらは何様のつもりなんだ、なんて不条理なんだ……と、もだえるような苦しみ、怒りを味わうはずです。

しかしながら、この怒りは、うまく向き合えば問題解決へのエネルギーにすることも可能だったりします。

ぼく自身は、自分に向けられた悪意を、うまくプラスのエネルギーにするよう心がけています。批判を受けるということは、自分が少なからず何かを変えることができている、ということです。何も変えていなければ、何の反応もないはずですから。

最近ではツイッター上で批判を受けるたびに、「自分は何か新しいことを発言できているんだ」と安堵するようになっています。逆に多くの方から「いいね！」をもらうときには、少し自分が嫌になったりします。

飛んでくる悪意を自分のなかに取り込み、体内でプラスのエネルギーに変換をするイメージです。もしくは相手の勢いを自分の武器にする、柔道のようなイメージでしょうか。

これは慣れの問題なので、トレーニングさえすれば多くの方が習得できる技術です。変革者であろうとする方々には、こうした「負のエネルギーをプラスに変える」回路を持ち合わせることは必須だと思います。

6「炎上」しても実害はない

ネット上で「炎上」することを恐れる人は多いですが、みなさんがよほどの敵を作らないかぎりは、ツイッターや2ちゃんねるで炎上しようが、実生活への影響は皆無です。しょせんネット上で暇つぶしをしている連中なので、みなさんのことはすぐに忘れ、5日もすればまたちがう話題で「炎上」を楽しんでいたりします。

みなさんが目立つ存在であれば、「粘着」と呼ばれるストーカー、クレーマーまがいの人も現れてくると思いますが、これもまた大きな害を与える存在ではないので、スルーするのがいちばんです。せいぜい2ちゃんねるでみなさんのことを執拗に攻撃する程度が関の山です。

私の知っている範囲でも、有名人の方々はみなさん「アンチ」と呼ばれる存在にまとわりつかれています。アンチの存在は決して消し去ることができないものなので、闘おうとするのは労力の無駄です。

アンチの存在については、「うん、アンチがいるということは、わたしは何かを変えることができているんだな」と、自分の道が間違っていないことを指し示すバロメーターぐらいに思っておくのがよいでしょう。少なくとも注目に値する存在であるというのは間違いないのですから。

とはいえ、ネット上には度を超えた悪意をもつ人々がいることも事実です。もしも、殺害予告や業務妨害などの被害を受けた場合は、刑事告発も視野に入れて行動しましょう。10年にわたって誹謗中傷を受けつづけたスマイリーキクチさんの手記『突然、僕は殺人犯にされた』(竹書房)には、ご自身の体験だけではなく、「ネット中傷被害に遭った場合の対処マニュアル」も収録されているので、お困りの方はご一読をおすすめします。

7 炎上している人はもっと炎上している

自分の身に降りかかってくるとそれどころではなくなってしまいますが、相対的な視点を持ってみると、自分が巻き込まれた「炎上」は、本当にささいなものであることに気づくはずです。

ぼくが勝手にお手本とさせていただいているのは、ツイッター上でアンチに四六時中絡まれている「はるかぜちゃん（春名風花さん）」です。彼女は2013年2月現在、12歳という若さで、約16万人のフォロワーを獲得しています。子どもとは思えない余裕と冷静さで、「死ね」「うざい」「消えろ」「ブス」といった罵詈雑言と向き合い、ツイッター上で話題を呼んでいます。

一部発言を引用させていただきますが、器のちがいを感じさせます。

- 「何様のつもりだよ」というコメントに対して「領収書をもらうときは、上様です（ω）」と返答
- 「お前生意気だな……嵐と共演できてるんだからそれだけでも喜べよ……クソガキ」というコメントに対して「共演できてるだけで喜ぶのは、ﾐｰﾊｰのやること（ω）ぼくはお仕事で来てるので、だれが相手だろうと、ｼｯｶﾘとお仕事さしていただきます（ω）」と返答
- 「子役辞めろ！笑 しょせんテレビ出ない癖に笑 小6ならもっとやることあるやろ！ 顔ブスだし、これからやっていけないだろうね笑」というコメントに対して「はい（ω）もう小6なので子役をやるつもりはありません（ω）子役を卒業したら声優になりたいです（ω）」と返答

彼女に寄せられる悪意を見ていると、自分がいかに小さいことで悩んでいるかを痛感します。12歳の女の子が立ち向かえていることなのに、大のおとなが匿名アカウントから誹謗中傷を受けた程度で何を凹んでいるのでしょうか。変な話ですが、ぼくは自分が炎上するたびに、はるかぜちゃんのツイッターを眺め、自分の相対的な位置を認識するようにしています。

誹謗中傷にめげずに立ち向かい、柔よく剛を制す姿は、だれかに勇気を与えるということでもあるのでしょう。いずれはぼくも、だれかに勇気を与えられる存在になりたいものです。

8 人間はどうやってもだれかに嫌われる

人に嫌われることを恐れている人は多いですが、どうやっても人はだれかに嫌われてしまうものです。

哲学者の中島義道氏は、著書『ひとを〝嫌う〟ということ』のなかで、「嫌われる」ことの真実について言及しています。

ここに「自分に落ち度がなければ嫌われるはずはない」という単純な論理を求めますと、相当おかしくなっていく。あなたが嫌われるのは、自分に落ち度が無い場合がほとんどだからです。そこで、相手が自分を嫌っていると直観したときは、まず「そういうこともあるな」とでんと構えるしかありません。

そうなんです、みなさんが嫌われるのは、みなさんに明確な落ち度や欠点があるからではありません。人というのは残酷なもので、話し方、立ち居振る舞い、生い立ち、顔立ち、思想信条、交友関係などをもってして、容赦なくだれかを嫌いになります。「自分の嫌いな人と仲良くしているから、あの人はなんとなく嫌い」というのはみなさんも経験したことがあるのではないでしょうか。

「だれからも嫌われることがない」というのが幻想であることは、ぼく自身が「みんなに嫌われることなく、好かれるように生きていきたい」と考えている人のことを嫌いであることからもわかります。ひねくれ者のぼくは、嫌われたくないと願う人を、それだけで嫌いになってしまうわけです（もちろんその人の中に好きな部分を見つけることもありますが）。むしろ進んで「嫌われてもいい」と思っている人が、ぼくは好きなのです。

嫌われないように、嫌われないように……と自分を周囲にあわせている人は多いと思いますが、どんなに器用に振る舞ったところで、だれかから嫌われるのは確実です。それなら遠慮なく自分を出して、徹底的に嫌われるぐらいの覚悟を持つほうがよいのではないでしょうか。ぼくはそういう人が好きです（笑）。

ぼくはもともと空気を読み、嫌われるのを恐れていた人間だったのですが、会社を辞めてはじめて「自分で自分を縛っている」ことに気づき、2012年の初めに「嫌われること」を積極的に受け入れるようになりました（2012年最初のブログ記事は「嫌われ者になるべき5つの理由」というタイトル、2013年最初は「今年はもっともっと嫌われ者になります」でした）。どうやってもだれかに嫌われるということを受け入れてからは、変に空気を読むこともなくなり、気持ちが楽になりました。ぜひみなさんも実践してみてください。

9 二流の人たちは離れていく

「これはおかしい！」という自分の想いを表現し、アクションを起こすことで、みなさんは周囲から嫌われ、場合によっては仲の良かった友人からも「最近変わったよね……」という目で見られることになるでしょう。

オンラインで情報発信をつづけるぼくも、友だちだと思っていた人がぼくのことをツイッターで悪く言っているのをしばしば見かけ、人間不信になったりします。見ず知らずの人から嫌われることは許容できても、親しい関係にあった人から嫌悪の視線を浴びせられるのはやっぱり苦痛です。

しかし、「あいつ最近変わったよね」という視線に屈服し、自分を曲げてしまっても、それはやはり後悔にしかつながりません。「変わったよね」と言われてしまう時点で、みなさんはもう後には引けない状態になっているはずです。

仲の良かった人たちが自分から離れていく、という悲しい状況に向き合うひとつの方法は、「二流の人たちが離れていっているだけだ」と開き直ることです。なんとも傲慢ですが、これは真実だったりします。

この考え方はある著名人に教えてもらいました。仲の良かった友人を「二流」と断じることで、後ろめたさはあれど、ぼくは実際かなり気が楽になりました。

さらに、注意深く世の中を見てみると、「出る杭」を打とうとするのは、現状肯定派の人々、本当に、いわば二流の人たちばかりなのです。大きな変化を成し遂げた一流の人たちは、みな「出る杭」を歓迎します。

オンラインで炎上ばかりしていると、「イケダは炎上している」という事実をもって、尊敬していた方々がぼくに近づいてくることがあります。直接話をうかがったわけではありませんが、「それだけ注目されているということは、こいつは何か面白い価値があるのではないか」と、彼らはぼくに期待してくださっているようです。

有象無象《うぞうむぞう》の批判を受けるというのは、一流の人たちにとっては、ある種の通過儀礼なのかもしれません。自分を一流だというわけではないですが、少なくともぼくはそう開き直って、だいぶラクになりました。

何かを変えようとすれば、必ずだれかから批判を受けることになります。うまく自分の中で開き直ってしまいましょう。

10 評価は後世の人が下す

歴史的に見ても、特定の人物や活動の善し悪しは、その時代に生きた人々というよりは、むしろ後世の人々が判断を下すものです。

極端な例では、ヒトラーは今の時代に生きるぼくらにとっては「悪人」の印象しかありませんが、当時ヒトラーを支持した人々からすれば「救世主」として映っていたはずです。逆に、ゴッホのように「生前はまったく評価されなかったけど、歴史的に重要視されている人たち」も数多くいます。

自分の活動や、自分自身が、今の時代に生きる人々にどう評価されているかは、まったく気にする必要がないとぼくは開き直っています。できることといえば、後世の人に「この人のおかげで今があるんだ」と感謝されればいいなぁ、と願いながら、今の自分ができる最良の仕事を淡々とこなしつづけることぐらいでしょう。変に同時代の人々に迎合することは、かえって自分の人生の価値を貶めるとすらぼくは思います。

みなさんがどう評価されるかは、死後数十年、数百年の時を経てみないとわかりません。同時代の人々に嫌われていたのに、今この時代で高く評価されている人々は無数にいます。周囲の声に惑わされることなく、自分のできること、やるべきだと信じていることを実直に遂行していきましょう。

11 勇気を出して賞賛を無視することも必要

アスリートの為末大さんは著書『走りながら考える』のなかで、「批判は攻撃だから反撃しやすいけれど、期待は応援だから無視しにくい」という指摘をしています。

みなさんが何かのアクションを取るとき、批判だけでなく、同時に期待や賞賛も副次的に発生します。ここまでは批判に対する心構えを述べてきたわけですが、行動を取りつづけるためには、みなさんに寄せられるポジティブなフィードバックへも、戦略的に対応していかないといけません。

まず気をつけたいのは、賞賛を目的にしてはならないということです。人から評価されることは嬉しいことですが、それはあくまで結果にすぎません。他人からの評価を目的にしてしまうと、評価されないこと＝批判が起きることにチャレンジすることができなくなってしまうので、その人は「次」の変革を起こすことができなくなってしまいます。

また、賞賛を過度に信用するのは危険であることにも注意しましょう。「こいつを利用してやろう」という功利的な気持ちをもってすり寄ってくる人たちは、みなさんのことをまず、賞賛してくるはずです。ここでいい気になって彼らと近づいてしまうのは、しばしば後悔のもとになります。人間不信気味なぼくは、ほめ殺しをしてくる人を無意識的に警戒してしまいますが、このくらいでちょうどよいかな、とも思っています。

ひとつ前で指摘したことと関連しますが、そもそも、いまこの瞬間に賞賛されているからといって、その人や活動がすばらしいわけではありません。むしろ誉められるようなものは、同時代の人に少なくとも「理解」されているという証なので、本当の意味での新しさや革新性は、その瞬間には消え失せているということでもあります。本当に画期的なものは、理解されるまで、評価されることはないのですから。

12 過去の自分を殺しつづけよう

岡本太郎は著書『自分の中に毒を持て』のなかで「自分を殺せ」というメッセージを放っています。ぼくの解釈が正しいかはわかりませんが、たしかに、自分を殺していくことは大切なプロセスだと実感しています。

前述のように、ぼくは2012年の1月に「嫌われ者になるべき5つの理由」という記事を書き、大きく創作の方向性を変えました。嫌われることを恐れていた自分がいやになったのです。創作方針を変えてから読者数は大幅に増え、自分も書きたいことが書けている実感が得られるようになりました。

しかし、これまでぼくのブログを愛読してくれた読者の中には、ぼくの方針転換を残念に思う方々もおり、ある愛読者からは「最近、イケダさんを応援しにくくなった」というメッセージもいただきました。

でも、ぼくは冷酷かつ恩知らずにも、そうした声は一切無視して、自分の道を邁進する決断を取ることにしました。愛読者はたくさん失ったかもしれませんが、自分を裏切らずにすみました。結局読者数も増える結果になりましたし、間違った判断はしていないと考えています。

また、2012年の4月には、妻の妊娠を機に「ブログで稼ぐ」ことを本格的に志し、またもや創作方針を変えました。これまで1日1本更新していたブログ記事を、1日6〜10本程度にまで増やし、ブログには広告もがっつり設置するようになりました。この方針転換は成功し、今では無事に「プロブロガー」として毎月30〜50万円程度の売上をブログのみで稼ぐことができるようになりました。

個人的には大成功だったこの方針転換に対しても、やはり、愛読者の方々からは「最近内容が薄くなった」「イケダは金儲けに走った」という叱咤をいただきました。前者に関しては耳が痛いですが、後者に関しては何が悪いんだ、という感じです。

これらの後にもしばしば創作方針を変えているのですが、そのたびに一部の読者の方からは「これは残念」という意見が飛んできたりします。

長くなりましたが、こうした経験を通して学んだのが、まさに「自分を殺す」ということです。ぼくは自分の創作活動のなかで、ひんぱんに「いまのイケダハヤト」を否定し、「このままじゃだめだ」と新しい方向性を模索しています。しかし、ぼくのブログを読んでくれている人のなかには、「いまのイケダハヤト」が好きな方々もいらっしゃいます。彼らはぼく自身が「いまのイケダハヤト」を過去に葬るときに、当然ながら「死んでほしくない」と残念がります。

でも、ぼくは彼らの声に答えつづけようとするかぎり、「いまのイケダハヤト」を捨て去ることができません。ビジネス的な視点からいえば、短期的にはファンを大切にすることで利益はあがりますが、長期的には自分の職業人生にマイナスの影響を与えるはずです。簡単にいえば、「いまのイケダハヤト」が好きなファンたちに飽きられたら、キャリアは終わりなわけです。

さらにいえば、本当の変革者というものは、常にファンを裏切りながら、過去の自分を殺しつづけるものだとも思います。本当に自分の活動に意義を見いだしているのなら、今の自分を殺さないなんてありえない話でしょう。

ぼくはミュージシャンの「ゆず」が好きです。でも、ぼくが好きなのは彼らがギターひとつでジャカジャカと演奏していた、初期の頃だけなのです。最近のゆずはぼくの音楽的好みにはまったく合致しません(むしろ嫌いな部類です)。

しかし、もし、ゆずがぼくのようなファンの声を聞きつづけ、今も相変わらずギターひとつで演奏していたとしたら、恐らく今の音楽シーンからはとうに消え去っているでしょう。彼らが厳しい音楽市場で生き残りつづけられているのは、自分を殺しつづけ、新しい創作スタイルを模索しつづけているからだと思います。

本当に変化を起こしつづけるためには、自分のことを好きでいてくれる人を、ときには悲しませないといけないということです。みなさんのことを心底理解してくれる人ほど、みなさんがいまの自分を殺すことを残念がり、否定するでしょう。

さらにいえば、自分を殺した先に正解があるかどうかは、無論わかりません。しかし、「自分を変えなきゃいけない」と思ったときは、市場を分析し、直感を信じ、新たな道を模索しなければならないのです。

居心地がよいこの部屋のドアを開けて出ていかないと、新しい変化を起こすことはできない。しかし、ドアの先に何があるか、その環境で生きていけるかは自分でもわからない。……「旗を立てる」という生き方は、究極的にはこういう難しい地点に立たされるものだとぼくは思います。

第五章のまとめ

みなさんが問題意識をもって行動しようとしたとき、「必ず」だれかからの批判を受けることになるでしょう。ネット上の見ず知らずの人々からだけでなく、もしかしたら、大切に思っていた友人からも、嫌悪のまなざしを差し向けられるかもしれません。

しかし、新しいことをはじめようと思ったときに、マイナスのフィードバックはつきものです。恐らくみなさん自身も、だれかが「旗を立てる」姿を見て、疑問や、ときには嫌悪感を抱くはずです。こうしたフィードバックは「前提」であることを理解しましょう。

極端にいえば、はじめから「なるほど！」と万人に理解され、「それはすばらしい！」と歓迎されるものには、何ら新しい部分がありません。理解されない、否定されるというのは、少なくとも自分が新しいアイデアにたどり着いている証拠なのです。

日本人は本当に、声を上げることを恐れ過ぎだと思います。自分を表現することは、批判を浴びることはあれど、目立った実害はありません。

それどころか、自然体の自分に最適化されたつながりが、まわりに形成されるはずです。ぼくは嫌われれば嫌われるほど、居心地がよくなっています。

空気を読まざるをえない、居心地の悪い環境に自縄自縛されることはありません。まずは炎上を恐れず「旗を立て」、行動を取ってみてください。強い問題意識をうまく伝えられれば、共感者の輪の中で、変革に取り組むことができるはずです。

Think 21
就職しないで生きるには
New work style in the 21st century society

第六章
レールが壊れた時代の若者の生き方

最後の章では、上の世代のおじさんたちに向けて、ぼくたち世代の心の叫びを、勝手ながら代弁したいと思います。「大学を卒業して会社に就職すれば人生ハッピー」というレールが崩壊したぼくらの世代は、今まさに、生きる指針をぐいっと違う方向へ変えるべきなのです。

その意味では、この章はハチロク世代のみなさんに向けてというよりは、それ以外の「オトナ」たちに捧げるものです。

会社はぼくらを守ってくれない

おじさんたちが若者だった時代には、会社は自分を守ってくれる存在だったかもしれません。上司から理不尽な指導を受けても、全力でそれと向き合っていれば、昇級や昇進というかたちで、いずれ報われたと話に聞いています。

が、ぼくたちが生きる今の時代においては、会社は自分を守ってくれる存在ではありません。「ブラック企業」ということばがはびこっているように、守ってくれるどころか、会社はぼくらを搾取し、ダメにしていくシステムにすらなりつつあります。

生活保護を受ける若者が増えているという報道に対して、「最近の若い者は甘えすぎだ」と、非難するおじさんたちは多いです。でも、あなたたちが若い頃は、会社というシステムがみなさんを守っていただけなのではないでしょうか。

もちろんその庇護《ひご》はみなさんが自力で勝ち取ったものだとは思いますが、それでも高度経済成長期と今では、「正社員として会社に入る」こと自体のハードルの高さが大きく違います。

生活保護を受けざるをえない若者たちは、この高くなったハードルを越えられなかった人や、ハードルを越えたけれども、その先で搾取され、心身を病んでしまった人だとぼくは理解しています。若者が甘えているというわけではなく、若者は頑張っているけれども会社や国はすべての若者を庇護できない、というのが事実なのではないでしょうか。

「会社はぼくらを守ってくれない」ということは、さすがにここ最近はおじさん世代のなかでも常識になりつつあるとは思いますが、それでも、価値観の相違はまだ根強く残っています。特に「若者の甘え」を糾弾する人たちは、自分がたまたま運よく、会社という安全圏のなかに庇護されているということを、よく理解していないように思います。

ぼくらは甘えているのではなく、わがままなわけでもなく、会社が守ってくれないがために、新しい生き方を模索し、ときに傷つき、失敗し、自分を癒しているにすぎないのです。みなさんは上りのエスカレーターに乗っていたかもしれませんが、ぼくらは上りどころか、下りのエスカレーターに乗って、毎日を生きています。どうか甘えだわがままだと断罪する前に、ぼくらが置かれている状況に思いを馳せてみてください。

大きなシステムから、たくさんの小さなコミュニティへ

高度経済成長期というものは、「国」や「会社」など、顔の見えない大きなシステムに身を任せていれば、それで十分幸せに過ごすことができていた時代だったのではないでしょうか。一方で、ぼくらが生きる低成長・衰退の時代は、もう大きなシステムに頼ることはできません。年金は老後を支えてくれるとは到底思えませんし、一昔前なら考えられなかったような会社が、経営危機に陥っています。黙っていればだれかが自分を守ってくれる時代は終わり、これからは自分のちからでサバイバルすることが求められるようになるでしょう。

こうしたサバイバルの手段としてもっとも期待できるのが、「小さなコミュニティ」のちからです。ぼくたちの世代は、たとえば「趣味」、たとえば「地域」、たとえば「同じ業界・職種」といった、横のつながりに希望を見いだしています。

「上司からの誘いを断って家に帰る」という現象も、ぼくらが会社以外にも、複数のコミュニティに所属しているから発生するのです。社会人類学者の中根千枝氏は今から50年前に「日本の社会は同質性ゆえにつながる〝横のつながり〟が弱い」と喝破しましたが、その傾向は近年変わりつつあるのではないでしょうか。

裏を返せば、ぼくたちは、だれも守ってくれないがゆえに、自分たちでお互いを助けるネットワークを作りはじめているともいえます。これは「会社」や「国」に自分の身を任せることができた、今までの時代とは大きく違う生き方の方向性といえるでしょう。

無論、すべての若者が、うまくコミュニティに所属できるわけではありません。疎外された人たちをも包摂する仕組みをつくる取り組みははじまっていますが、依然として実現されていないのが現状です。よりどころをなくした人々に、血の通った居場所を提供するというのは、21世紀中に解決すべきテーマです。

会社で若手が「用事があるのでお先に失礼します」と退社したとしても、彼らが会社以外に所属する場所を持っているとはかぎりません。もしかしたら帰ってひとり寂しく2ちゃんねるを眺めているだけかもしれません（2ちゃんねるも一種のコミュニティですが、お互いを助けるネットワークとしては一般的に機能しにくいのです）。

そういうときは、断られて嫌な思いをするかもしれませんが、たとえば「飲み」ではなく「ランチ」にするなど、よりライトなコミュニケーションを取ってみると、彼・彼女のちからになれると思います。

「会社」よりも「家族」を

過去の時代と比較すると、ぼくらの世代は「会社」を人生のプライオリティの上位に掲げる人は少なくなっていると考えられます。同世代の友人に「モーレッサラリーマン」がいないわけではありませんが、やはり大勢は、「仕事、会社は人生の一部なので、家族や友人とのつながりも最大限たいせつにしたい」と考えています。かくいうぼく自身も、やはり家族との時間が最重要だと考えています。

もう少しいえば、ぼくらの世代は「反動」として、家族を大切にしたい願望が高まっているのではないでしょうか。

つまり、こういうことです。ぼくら世代が子どもだったとき、自分の（父）親は「モーレッサラリーマン」で会社に滅私奉公しており、子どもとの時間をあまり確保してくれなかった。振り返ってみると、中学生になってからは父親の顔を家でほとんど見ていない。母は母で、朝帰りの父親に対する愚痴をよくつぶやいていた。今となっては親には感謝も尊敬もしているけれど、「親が家族を大切にしていたか」というと、少し疑問が残る。自分が親になったとしたら、自分の父親のようにはならず、なるべく子どもとの時間を設けて、夫婦仲良く過ごしていきたい――そんな願望を持っている人たちが、ぼくら世代には比較的多いと考えています。

かくいうぼくも自分の父親が起業家だったため、親子の時間はそれほど多くなかった人間です。父親を反面教師にしているつもりはありませんが、ぼくが家族を大切にしたいと考えるその背後には、やはり幼年期のさみしさが関係しているようにも思えます。

米国の起業家のツイッタープロフィールなどを見ると、「part-time entrepreneur and full-time dad（パートタイム起業家で、フルタイムで父親です）」なんて表現を見かけたりします。ぼくはこういう価値観を、たまらなくカッコよく感じます。こうした「家族を大切にできる」という素養について、ある種の憧れやクールさを見いだすのも、ぼくら世代の特徴でしょう。

上の世代の方々からすると、最近の若者の「会社の優先順位の低さ」は違和感のタネかもしれません。これはぼくの主観的な分析ですが、その背後には「モーレツサラリーマン」たちが子どもたちに残した「さみしさ」が関係していると、ぼくは考えています。

上昇志向を失ったわけではない

2012年の12月、伊藤忠商事の岡藤正広社長が書いた「『イクメン、弁当男子』は出世できないか『より良く働く』ための全課題」というエッセイが、ネット上で激しい論議をよんでいました。

最近は、元気のない若者男子の代名詞として「草食系」と言われるようだが、団塊世代の私からすると、彼らはハングリー精神のない「温室育ち」に見える。なにしろ私たちの世代は、小さい頃から進学、就職などあらゆることで競争社会だった。(……)

ところが、社会が豊かになるにつれてハングリー精神が奪われていき、いい意味での上昇志向も低下してきた。特に約20年前から、詰め込み教育や受験競争がよくないというので始まったゆとり教育が、競争社会を生き抜こうという強い気持ちを養う機会を減らしてしまった。

(初出は「PRESIDENT Online」に掲載)

ひとりの若者から意見を伝えさせてもらうと、今の時代を生きるぼくたちは、「上昇」の方向性が多様化しているのだということをご理解いただきたいです。ハングリー精神が失われているというのは誤解だとぼくは思うのです。

『年収150万円でぼくらは自由に生きていく』という本を書いたぼくのような人間は、間違いなく旧来的な意味での「ハングリー精神」が失われている人間でしょう。もっと稼げよ!とおじさん世代から怒られること請け合いです。

しかし、ぼくは自分自身を、上昇志向の弱い人間だとは毛頭思っていません。影響力をもっと高めたいと思っていますし、ブロガーとしては日本一の存在になりたいと願っています。でも、心身に多大な負担をかけてまで、お金を稼ぎたいとは思いません。

旧来的な価値観では、上昇イコール「出世」「お金を稼ぐ」だったかもしれませんが、この時代においては、それらに加えて「社会問題の解決」「影響力の獲得」「自由でいること」などが、上昇の方向性として存在しているといえるでしょう。団塊の世代的な競争に染まった方々には、この上昇の方向性が視認できていないか、見えていても理解できていないのではないでしょうか。

見ることはできないかもしれませんが、少なくとも、ぼくたちは今よりも高いところへ進もうと願っています。先の見えない道を歩むことに疲れ、からだを休めている人もいますが、多くの若者は今もこうして、道無き道を歩もうと努力しています。ぼくらが前に歩む姿を、見守り、応援してくれると嬉しいです。

実験に価値がある時代

どんな時代も常に変化に晒されてきたとは思いますが、特に働き方というテーマにおいては、今この時代は、強烈な変化が訪れているのではないでしょうか。

少なくとも、ぼくが就職活動をしていた5年前は、日本の大手電機メーカーがここまでの憂き目に遭うことは考えられませんでした。ぼく自身も「とりあえず入ってしまえば一生安泰かな」とのんきなことを考えて就活をしていました。が、今ではそんなものは幻想であったことが明らかになっています。

こういう時代においては、とにかく「実験」することに価値があるとぼくは考えます。結果はどうなるかはわからないけれど、とりあえず実験をすることで、次の時代のスタンダードが生まれてくる可能性があるのです。

ぼくが本書で提示している、「問題意識をもったうえで、テクノロジーを用いてそれを発信し、仲間を集め、自分のキャリアをつくっていく（「旗を立てる」型キャリア）」という実験的な生き方も、10年後にはごく当たり前のものになっているかもしれません。ぼくはそうなると確信していますが、これればかりは時間が証明してくれるのを待つしかありません。

もちろん、「旗を立てる」型キャリアは、数ある働き方の選択肢のひとつにとどまるでしょう。その他のスタイルとしては、「必要最低限のお金を稼ぎ、余剰の時間でコミュニティのための仕事を採算度外視でこなし、人との豊かなつながりのなかで生きていく」という生き方もありえるでしょう。詳しくは『年収150万円でぼくらは自由に生きていく』のなかで解説しているので、こちらをお読みいただけると幸いです。

他にも、「とにかく失敗していいから、若いうちに起業して経験を積もう。それから会社に勤めるなり、もう一度会社を創るなり、それは自由にすればいい。失敗を恐れて無難な道を行くのがもっとも危険だ」という「けもの道」を提唱する人もいます。これも一理ありますし、スタンフォード大のような一流大学では、実際にこのような価値観で学生が動いているとも聞いたことがあります。

今後、これまでのスタンダードだった「定年まで大企業に勤めていれば自家用車もマイホームも持ててハッピー」というスタイルは、なくなることはないとしても、機能しにくくなっていくでしょう。

ひとこと言いたくなる気持ちもよくわかるのですが、まずは実験者を歓迎する視線をもっていただきたいです。ぼくら実験者が孤軍奮闘することで、多様なオプションが毛細血管のように展開され、そのなかで次の時代のスタンダードが浮き上がってくるのです。

「上から目線」は通用しない

上から目線で「新人はとりあえずいわれたことをこなしていればいいんだ！」と雑用めいた仕事を押し付けられても、ぼくたちはモチベーションが上がりません。だって、会社がいつ潰れてもおかしくないわけですから。「下積み3年」の間に会社が潰れたらだれが責任取ってくれるんでしょう？

こんな時代に生きるぼくたちを活用する上で重要なのは、「権限委譲」だと思います。若い世代には未熟な部分だけでなく、上の世代に比べて、明らかに優れている部分もあります。たとえばソーシャルメディアのような新しいITツールなどは、ほとんどの場合、若手社員の方がスムーズかつ的確に理解し、活用することができるでしょう。

企業やNPOのマーケティングコンサルティングをするなかでも、若手に権限委譲することの重要性を日々実感しています。若手にしっかりとエンパワーメントできている組織は、トライアル・アンド・エラーの数も増えていくため、結果的に戦略の完成度も高まっていきます。ツイッターのつぶやきひとつで上司の決裁を仰ぐ必要があるような組織は、新しいことへの対応は、どうしても二歩三歩遅れてしまいます。不変の技術を扱う伝統工芸の職人ならまだしも、変化に富んだビジネスの世界では、新しいものへの対応の遅れは致命的なリスクとなるでしょう。

権限委譲が十分になされていないと、優秀な若手はいとも簡単に組織から流出していきます。転職が一般的でなかった時代には、多くの若者は「我慢」して在籍していたのかもしれません。しかしぼくらの世代は、組織の道理のために「我慢」を強いられ、人材価値を落とすぐらいなら、さっさと活躍できる組織に転向しようと考えるのが一般的です。ひとつの組織のなかには収まらない優秀な人材ほど、転向志向は強いように感じます。

先日、とある広告代理店の人事部門の知人が、「優秀で面白い若手ほど会社を辞めていくんだ。残っているのは〝優等生〟ばかりで、確かに優秀なんだけど、面白くない人材ばかりなんだよね」と漏らしていました。みなさんの会社でもこの傾向は見られるかもしれません。

おじさんたちは、ぼくら世代の「育て方」に注意する必要があると思います。ぼくらには魅力的な「逃げ道」がたくさん用意されています。おじさんたちが受けてきたような「いいから黙って3年は下積みだ！」的な教育は、優秀な人材を組織の外に弾き出す力を持っています。その方法をつづけていると「言われたことはやるけど、仕事に熱意はない」人材ばかりが集まる組織になってしまうでしょう。

上から目線の物言いには注意してください。「おまえのためを思って言っているんだ！」という愛の押しつけにうんざりする人は少なくありません。

未熟な部分はありますが、だからといって全人格的に未熟なわけではありません。おじさんたちが今もまさにそうであるように、強みもあれば弱みもあります。100％劣った人間と見なすのではなく、パズルのピースを合わせるように、お互いを尊重し、凹凸をはめ合わせて、強い構造をつくっていくのが、これからの組織のあり方です。

ぼくたちは自分にしかできないことを求める

先日「2050年までに訪れる社会変化」という海外の記事をネットで見かけました。さまざまな変化が紹介されているなかで、特に印象的だったのは「2017年にはロボットが農業を担うようになる」「2030年には飛行機は無人になる」「2037年には自動車は無人になる」といった未来予測です。これまでは人が関わっていた仕事を、テクノロジーが奪い去っていくわけです。

突飛な話だと思われるかもしれませんが、グーグルが開発している自動運転車はすでに公道を走る許可が降りており（カリフォルニア州）、その事故率も人間が運転するよりも低いと言われています。自動運転車が普及すれば、事故は減り、高齢者も乗ることができるようになり、免許も不要になっていくでしょう。グーグルの創業者であるセルゲイ・ブリンは2012年9月に「自動運転車を5年以内に一般利用可能にさせる」とも宣言しています。

そんなわけで、自動運転車の普及は喜ばしい未来なのですが、その裏では、とても身近な仕事である「ドライバー」の雇用を破壊する可能性があるのも見逃すことはできません。予測によれば2037年にはほとんどの自動車は無人になるので、2013年の今日現在、20歳の若者がタクシードライバーやトラックドライバーを目指すのは、自ら泥沼に突っ込むようなものです。せっかく就職をしても、仕事は減りつづけ、転職を余儀なくされるでしょう。

また、グローバリゼーションも日本の雇用に大きな影響を与えています。ぼくの知人の会社では、プログラミングをベトナムの会社に委託しています。知人いわく、「日本で発注して日本人にやってもらうのは、コストがかかりすぎる」そうです。他の例では、韓国にまで足を運び、日・韓・英の三ヵ国語を話せる新卒学生を採用しに出向いている企業もあります。

ぼくら世代は、国内の人材だけでなく、人間を不要にするロボットたちとも、海外の安価で優秀な人材とも闘わなくてはならないのです。このことに明示的に気づいている若者は少ないと思いますが、危機感を抱いている人は徐々に増えているように思います。

危機感を抱いた若者たちは、「自分にしかできない」仕事を求めるようになります。機械で代替できてしまうことをやるのは避けたい、途上国の人材でまかなえる仕事をやるのは避けたい、という志向です。これは生存本能ともいえる、根本的な欲求です。

「最近の若者は未熟な分際で〝自分にしかできない仕事〟を求めるなんて生意気だ！」と怒りたくなる気持ちもわかりますが、これは抑圧しがたい欲求なのです。日本の行く末を思うのなら、ぜひ若者に「途上国の人材や機械にはできないスキル」を身につける機会を提供してあげてください。

人ではなく、仕組みが悪い

「草食系」ということばが象徴するように、ぼくらの世代は「闘争性」とはほど遠い人間が多いように感じているかもしれませんが、ぼくは単に「闘い方が変わった」だけなのではないかと考えています。

大学紛争や労働争議など、昔の闘争のあり方は明確な「敵」をあつらえ、それに対して暴力的に異議を唱えるといったやり方だったのではないでしょうか。

しかし、この時代においては、そういうシンプルなアプローチは通用しにくくなっているように感じます。

その理由のひとつは、ソーシャルネットワークの普及やグローバル化によって、人と人との距離感が縮まっているためなのでしょう。たとえば、「中国が嫌いだ！」という論調は根強く、かつその気持ちもわかるのですが、ぼくは身近に中国人の友人が多数いるので、反中デモに参加しようとはまったく思いません。領土問題などさまざまな国家間トラブルがあるのは知っていますが、ぼくら個人にできることは、今までと変わらぬ態度で中国人の友人と接することぐらいでしょう。仮に中国が日本にとって「悪い国」だったとしても、それがすなわち「中国人が悪い人間」であるはずがないのです。これは当たり前の話ですが、このような「人ではなく仕組みが悪い」という視点を身体レベルで持っているのは、ぼくら世代の特徴のひとつなのではないでしょうか（無論、「ネトウヨ」「嫌韓」の人たちのように、すべての若者がこういう視点を持っているわけではないのですが……）。

もう少し身近な例でいえば、「上司が悪い」「部下が悪い」という議論も、とてもナンセンスに聞こえます。上司が悪いのではなく、上司の良い部分を殺し、悪い部分を蔓延させてしまう会社の「仕組み」がおかしいのです。上司を仮に排除したところで仕組みが変わっていなければ、運次第で、また気に入らない上司があらわれるでしょう。

ぼくら世代は、だれかを否定し、打倒するよりも、そうした対立をできるだけ抑えた上で、「仕組みを変える」ことを意識する人が多いように感じています。「これはおかしい！」という怒りのエネルギーを、暴力的な方向ではなく、より建設的な方向に傾けるということです。

もちろん、本気で仕組みを変えるためには、どうしても避けられない対立も生まれてくることでしょう。そうした場合でも、極力攻撃的にならないようにするのが、これからの闘争の作法だと思います。

ぼくたちの世代には、「仕組みの視点」を持った人たちが多いということをぜひご理解ください。近視眼的に見れば「何の抗議行動も取らない弱気な若者」として映るかもしれませんが、俯瞰して見れば「無用な対立を避け、根本的な変化を起こそうと試行錯誤する若者」の姿が映し出されるかもしれません。

ぼくらは課題解決に魅力を感じている

最近の若者は社会貢献意識が高い、というのはよくいわれることですし、きっとおじさんたちも身近にそんな若者を知っているはずです。でも、それはなぜそうなったのか、考えたことはありますか？

若い世代の社会貢献意識が高いのは、ぼくらは「世の中が課題だらけであること」を、幼い頃からマスメディアなどを通して知らされており、かつ、課題があることを肌身でも感じているからだと、ぼくは考えています。

環境問題は深刻です。ぼくらはエコな生活をしないといけません。自殺やうつの問題も深刻です。身近な同世代が、実際に命を断っています。ホームレスの問題も他人事ではありません。ぼくの友人はパチンコにハマった挙げ句、家にいづらくなり、一時期ネットカフェを泊まり歩くホームレス生活をしていました。

共働きをしながらの育児は大変です。ぼくの友人のあるカップルは、延長保育のために毎月

10万円近いお金を保育園に支払っています。雇用やセーフティネットの問題も深刻です。かくいうぼく自身が、いつまで安定してお金を稼げるか、まったくわかりません。もし事故や病気で働けなくなったら、即生活保護に頼るしかないでしょう。年金は信用できません。まぁ、老後も働きつづけることになるのでしょう。

バブルを経験した人たちは、そういう感覚を若い頃に抱かなかったのではないでしょうか。社会的な課題が溢れていることを、ぼくらの世代は体を通して理解しています。社会貢献意識、つまり「社会を何とかしないといけない」と考える意識が高いことは、当然のことだと思います。仕事をするにあたって、「課題解決につながっている実感」を求める若者は増えていると思います。特定の仕事を見下げるわけではありませんが、ふだんぼくらが取り組む仕事のなかには「いったいだれの役に立っているのか」が、実感として湧かないものが存在するのも確かです。

ぼくら世代にやる気を出させるコツのひとつは、「自分の仕事が課題解決につながっている実感」を与えることです。「つべこべ言わずに若いうちは上司のいうことだけ聞いてればいいんだ！　いつかこの修行の意味がわかるから！」という姿勢では、モチベーションを刺激することはできません。

「利己vs利他」から「利己＝利他」へ

友人のＮＧＯ代表が漏らしていたエピソードに、面白いものがあります。

途上国の貧困問題の解決に取り組んでいる彼は、しばしば新聞などの取材を受ける際に、記者の方との間に、コミュニケーションの齟齬を感じるそうです。

いわく、記者の方が「どうしてあなたはそんなに〝大変なこと〟をやろうと考え、やりつづけられるのですか？」という質問をしてくることがあるけれど、自分は「大変なこと」だとは微塵も思っておらず、単純に楽しいし、意義を感じるからつづけているだけなんだよね、とのこと。

彼は記者の「途上国の人を〝助ける〟なんて〝えらい〟ですね」ということばにも敏感に反応し「〝助ける〟なんてつもりでやってないし、自分がやりたいことをやってるだけだから、〝えらい〟というのも違和感がある」と語っています。

推測するに、記者の方はご自身の人生観として、「利他的な行為」というものは「自己犠牲」があって成り立つものだと考えていらっしゃるのでしょう。なので、「自己犠牲をして途上国の人々のために慈善活動を行う」彼のことを、えらいと感じ、そのモチベーションの秘訣が気になったのだと思われます。

しかし、当人にとっては、利他的な行為は自己犠牲を伴うものでもなんでもなく、むしろ利己的な行為だったりします。利己的な振る舞いをした結果、それがたまたま利他的な行為につながっていた、という程度の捉え方でしょう。利己的な行為と利他的な行為はなんら相反するものではなく、ごく自然に両立することができるのです。

思うに、そもそも利己と利他が対立するものだ、という価値観の方が不自然です。人の役に立つことは気持ちがいいことですし、自分が解決したい課題にタックルしていくのは、ワクワクすることです。本来仕事というものは、利己と利他が重なりあったときに発生し、価値を生み出すものであるはずです。

経済成長によってもともとは合一だった「仕事における利己と利他」が分離され、まるで対立するもののように捉えられるようになってしまったことは、資本主義がもたらした問題のひとつだとぼくは考えています。

社会をよくしようと思っているのは同じ

こういうトーンでものを書いているといかにも「アンチおやじ世代」みたいな見え方になってしまいますが、ぼくは敵視しているつもりも、敵対しているつもりもありません。

重要なことは、ぼくらの世代も、上の世代も、同様に「社会をよくしよう」と願い、発言し、行動しているということだと思います。

目的意識は同じだけれど、そのアプローチが違うがために、不要な対立が生まれてしまうということは往々にしてあります。さらにいえば、目的意識が強ければ強いほど、目的を達成するまでの不確実性が高ければ高いほど、この種の対立は激化しがちです。

たとえば、「売上の拡大」という共通のゴールがある企業においても、Aさんは「売上拡大のためには、まずは自社のブランディングを強化するべきだ」と語り、Bさんは「ブランディングに予算を費やすぐらいなら、人材育成・採用を強化するべきだ。こっちの方が売上拡大につながる」と対立が発生する場合があるでしょう。根底には同じ目的意識があるにもかかわらず、アプローチの違いで火花が散ってしまうのです。

こうした場合にまず大切なのは、お互いの目的意識が共通していることを再確認することだと思います。対立構造があらわれると、本来の目的意識が失われ、「相手の考えをしりぞけ、自らのアプローチを実行すること」が目的になってしまいがちだからです。

「最近の若者は……」「上の世代は何もわかっていない……」という世代間対立のなかにも、この手の不毛な対立構造を見いだすことができるでしょう。どちらも根底では社会をよくしたいと願っているけれど、アプローチの違いが顕在化すると、ついお互いを否定したくなってしまうものです。

相互のアプローチがどうやっても相容れないことはありますが、目的意識さえ共有していれば、「あいつは別のやり方で頑張ろうとしているんだな」という寛容な認識を持つことができます。「同じ山を違う方法で登っている仲間」として認識することができるということです。

山の登り方は時代によっても変わっていくでしょう。社会をよくしたいと願う仲間として捉え、ぜひ協働していきましょう。

第六章のまとめ

ぼくら若者は、停滞の時代を生きています。高度経済成長期が上りのエスカレーターなら、ぼくらが生きる現代は下りのエスカレーターです。本気で駆け上がり、しがみついていないと、すぐに社会的弱者に転じてしまうような社会です（かくいうぼくも、事故にでもあったら、即生活保護だと思います）。

ぼくらは世の中に無数の課題が存在することを、肌感覚で知っています。自分が暮らしていくだけでも精一杯ですが、困っている隣人を助けることも重要だと痛感しています。

課題の解決は、本来エキサイティングなことです。社会貢献意欲が高い若者たちは、楽しみながら、利他的な行動を取っています。社会貢献は自己犠牲ではないのです。ぼくら世代のエネルギーを生かす上では、このモチベーションの構造を理解し、刺激することが大切です。

アプローチは違うかもしれませんが、世の中をよくしようと思っているのは同じです。ぜひ世代の壁を超えて、今の日本を取り巻く課題の解決に取り組みましょう。

あとがき

本書でとにかく主張したかったのは、「問題意識」の重要性です。

ぼく自身のキャリアを振り返ってみても、いきいきと働いている他の社会人の姿をみても、充実した仕事人生を歩むためには「問題意識」が重要であることがわかります。

すべての価値ある仕事は、根底に強い問題意識があるとすら、ぼくは考えています。逆にいうと、価値のない仕事には、問題意識が欠如しているのです。

経済が停滞してくると、雇用が不安定になるだけでなく、仕事それ自体も楽しくなくなっていきます。「仕事をしてお金を得る」という、わかりやすいフィードバックの構造が機能しにくくなるからです。いくら努力しても報酬が上がらないのでは、いずれ自分と会社に幻滅し、頑張っても無駄だと諦めるようになります。

しかし、仕事をする喜びをもたらすのは、本来お金だけではありません。お金はむしろ、仕事をこなした結果として「たまたまもらえるもの」です。

仕事の喜びの本質は、お金ではなく「問題解決」にこそあるのではないでしょうか。自分の力で、自分がおかしいと考える問題の解決に関わることは、採算度外視で取り組めるほど、楽しい活動です。

問題解決というと堅苦しいですが、とてもシンプルな話で、たとえば「落ち込んでいる母を元気にしたい」と思い立ち、手料理をプレゼントしたら泣くほど喜んでくれた、「転職先が見つからず困っている友人を助けたい」と思い立ち、就職先を紹介したら心の底から感謝してくれた、そういう原初的ともいえる「贈りもの」こそが、本当の仕事だと思います。

ぼくらが普段の生活で取り組んでいる「仕事」は、いつのまにか「お金」という目的が最優先になってしまったがために、本来仕事が持っていた「贈りもの」の喜びを感じさせにくいものになっているのです。

いま、社会に問題はあふれています。この本を手に取り、読んだ方々の多くは、収入にもそれなりに恵まれ、知的好奇心が旺盛で、自分と社会に変化を起こせるほどの「余裕」を持った方々だと思います。日本社会を支える地盤はミシミシと崩壊しています。ぼくらのような「余裕のある社会的な強者」たちには、そうした社会のほころびを補修する使命があるのではないでしょうか。「自分の責任の範疇ではない」といって崩壊する社会を見過ごすのは簡単です。しかし、その責任をだれかが負わないと、世の中はダメになる一方です。

問題意識をもって働くということは、「自分が本来負うべきではない責任」を、自ら引き取るような働き方ともいえるでしょう。ぼくは「世の中に埋もれている価値ある情報を発掘し、世に広める」という「責任」を勝手に負うことにしました。ぼくの周囲には、だれから頼まれたわけでもないのに、「日本の教育を変える」と息巻いている人や「うつ病を減らす」と叫び、行動している人がいます。

「自分が本来負うべきではない責任」を引き取る人たちが数十万人単位で増え、ゲリラ的に活動していけば、世の中は間違いなく良くなっていくでしょう。今は何より、「これはおかしい！」と「旗を立てる」人が少なすぎるのです。

すでに説明したように、ソーシャルネットワークが発達したこの時代においては、旗を立てれば、人材、資金、知識を集めることが可能になっています。スマートフォンやPCを使えば、簡単に仲間を集めることができるようになったというのは、革命的な変化だと思います。こういうすばらしい土壌を活用しないのはもったいない話です。新しい選択肢ゆえに、失敗することもあるとは思いますが、まずはぜひ行動してみてください。失うものはありません。

ぼくは月間で30万人程度が読むブログメディアを運営しています。そこでは、もちろん「埋もれている価値ある情報」を伝えることを心がけています。みなさんが旗を立てたとき、立てようと思ったときは、お気軽にぼくまでご連絡ください。

ぼくにとってみなさんの立てる旗は、「埋もれている価値ある情報」そのものです。ぼくがみなさんの旗を目立たせるための魔法をかけます。微力ではありますが、ご連絡さえいただければ、ぼくのブログやツイッターで企画や活動についてきっとご紹介させていただきます（企画書などをお送りいただければ、アドバイスもご提供させていただきます。もちろん無償です）。

本書の内容はここで終わりです。次はみなさんの番です。みなさんが「旗を立てる」のを心待ちにしております！

謝辞として、本書の出版を企画してくださった晶文社の安藤さんにお礼を述べさせていただきます。エキサイティングなテーマをご提案くださり、ありがとうございました。これからの晶文社が立てる「旗」にも、期待しております。

最後に、いつもそばで支えてくれる最愛の妻・美希にもお礼を。いつもおいしいごはんをありがとう。千穂と3人、一緒に楽しい家庭を築きましょう。お父さんは命のつづくかぎり、のんびりと頑張りつづけます。

イケダハヤト

イケダハヤト

プロブロガー。
1986年生まれ。
新卒で入社した大企業を11ヵ月で退職。
転職先のベンチャー企業も13ヵ月で辞め、
社会人3年目にフリーランスとして独立。
ソーシャルウェブ、若者の価値観、これからの働き方などについて、
ブログ「ihayato.書店」で情報発信を行っている。
著書に『フェイスブック 私たちの生き方とビジネスはこう変わる』(講談社)、
『年収150万円で僕らは自由に生きていく』(星海社新書)などがある。
ブログ:http://www.ikedahayato.com/
メールアドレス:nubonba@gmail.com

〈就職しないで生きるには21〉
旗《はた》を立《た》てて生《い》きる
——「ハチロク世代」の働き方マニュフェスト

2013年6月20日　初版

著　者　イケダハヤト

発行者　株式会社晶文社
東京都千代田区神田神保町1-11
電話　03-3518-4940（代表）・4942（編集）
URL　http://www.shobunsha.co.jp
印　刷　株式会社堀内印刷所
製　本　ナショナル製本協同組合

ISBN978-4-7949-6903-3　Printed in Japan